図説
国子監

孔喆 著
岩谷季久子 訳

科学出版社東京

まえがき

　北京旧市街北東部には、青々と生い茂った松並木の脇に、それとは趣を異にする古代建築群がある。東西に通ずるその街道には、「成賢街」、「国子監」と刻まれた牌楼が四つ建てられている。関心を示した観光客からは、よく「国子監は何をするところか？」「なぜ成賢街と呼ぶのか？」と質問される。

　封建時代、国子監は国の中央官学を管理する専門機関であり、国の最高学府でもあった。中央官学の管理機関として「国子監」と呼ばれ、国の最高学府としては「太学」と呼ばれていたので、北京国子監の二の門には「太学門」と書かれた扁額が掲げられている。

　中国では、優秀な人材を育成して国に貢献させるための教育が古くから行われてきた。孔子が興したのは私学であったが、その教育目的は弟子の子夏が述べたように、「学びて優なれば則ち仕う」というものであった。すなわち、学問の目的は官職に就くこと、学校の目的は政治的提案のできる人材を

「国子監」牌楼

育成することにあったのである。前漢以降は、国家に役立つ人材を育てるために、時の政府によって学校が建てられてきた。

　董仲舒は、武帝に献じた「対策」の中で、「陛下が太学を設立し、明師を招き、天下の士を育てることを願います。そして試験を行うことで彼の能力を最大限発揮させれば、優れた人材が得られるでしょう」と、官営教育の目的は国に必要な人材を育成することにあると明確に述べている。こうした人材育成を教育の目的とする考えは、後世にまで受け継がれていくことになった。清の順治9年（1652年）

「成賢街」牌楼

に州や県の学校に設置された「訓士規」（臥碑）にも、「朝廷は学校を設立し、生員を選んで用いるが、その税糧を免除し、食禄を厚くし、……才能豊かな人材を育成し、朝廷に提供する」と克明に記されている。

　国が学校を作るのは学生に政治的能力を修得させることだけが目的ではなく、彼らの道徳的修養も高め、才と徳を兼ね備えた人材に育てるためでもあった。古代中国の学校では古の聖人や賢人を祀ったが、それは学生に彼らの偉業を学ばせるためであり、後世において学校内に孔子廟を作り聖人や賢人、儒者を祀ったのも、学生に見習うべき手本を示すことが目的であった。校内に祀られる人物として主に孔子が選ばれたのは、孔子の儒教思想が封建国家における指導思想であったからだけでなく、孔子の教育が徳を重視し、勉学と自己修養によって道徳的に高尚な君子になるよう弟子たちを教育したことが重要な要素の一つであったからである。

　国子監は封建国家における官吏を養成するための最高の幹部学校であり、それを置いた通りが「成賢街」と呼ばれるようになったのも当然であろう。

目次

まえがき

国子監の由来　1

北京国子監の歴史　9

国子監の役割と管理　19

国子監の教育施設　25

国子監の学生　31

国子監の教育　49

国子監の儀式　59

国子監へのいざない　67

国子監の名士小伝　83
　孔子廟に従祀された三学官　83
　優秀な人材を数多く輩出した国子監　88
　洪昇と戯曲『長生殿』　91
　孔尚任と戯曲『桃花扇』　92
　多くの功績を残した孫嘉淦　96
　許衡と「復蘇槐」　98
　劉墉と「羅鍋槐」　101

あとがき　103

訳者あとがき　104

国子監の由来

　国子監が国の最高学府となったのは、隋の大業3年（607年）になってからのことである。それまで国の最高学府は、様々な名称で呼ばれていた。

　中国は教育において悠久の歴史を有し、世界の多くの国々と比較しても、古代から最も教育を重視した国であり、教育が最も発展した国である。古い文献によると、古代社会の五帝時代には既に「成均」と呼ばれる教育活動の場が、虞舜時代には「庠」と呼ばれる教育機関があり、「有虞氏は国老を上庠にて養い、庶老を下庠にて養う」（『礼記・王制』）であったという。当時の「成均」と「庠」は、後世のような知識の伝授を主とする性格を帯びておらず、主に老人を養い、孝を中心に据える教育の場であった。

　奴隷制社会に入ると教育の制度化が始まり、国は最高学府を設置するようになった。「夏には校といい、殷には序といい、周には庠といい、学は則ち三代之を共にす。皆、人倫を明らかにする所以なり〔夏王朝では校といい、殷王朝では序といい、周王朝では庠といったが、学ぶ内容は三王朝共通で、すべて人として守るべき道理を明らかにするものであった〕」、「庠は養なり、校は教なり、序は射なり〔庠とは養うことであり、校とは教えることであり、序とは弓を射ることである〕」（『孟子・滕文公上』）ということである。奴隷制社会の時代においては、「学問」に加え各王朝でそれぞれ名称と役割を持った教育施設があり、庠は老人を養う場、校は武術を習う場、序は弓射りを習う場であったのである。西周の時代になると、国は教育制度を整え、「家に塾あり、党に庠あり、術に序あり、国に学あり」（『礼記・学記』）、すなわち、中央に国学、地方に郷学が置かれ、中央官学はさらに小学と大学とに分けられた。

　「大学」という文字が初めて登場したのは甲骨文（『屯南』60）においてであったが、その内容から、当時の大学が祭礼行事を行う場であったことが

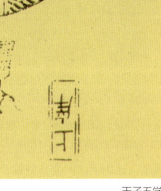

天子五学図

わかる。商、周の時代になると、国の最高学府を大学と称するようになり、周の時代には辟雍とも呼ばれた。礼記に「天子曰く辟雍、諸侯曰く泮宮と〔天子の学校は辟雍、諸侯の学校は泮宮という〕」(『礼記・王制』)と記されている。西周時代、王都における大学は東・西・南・北・中央の五学に分けられ、東学は東序、西学は瞽宗、北学は上庠、南学は成均、中央は太学と呼ばれ、太学はまた辟雍あるいは明堂とも呼ばれた。前漢時代、董仲舒により太学の設立が上申されると、それ以降、太学が国の最高学府の名称となった。漢晋の時代は、太学と辟雍がそれぞれ設立されたのである。

国子とは元々学校を指す名称であった。国子学は西晋の咸寧2年(276年)に創設されたが、その理由は、太学が士大夫の子弟も庶民の子弟もいっしょに学ばせていたことにあった。魏晋南北朝時代は身分や家柄が重視され、九品中正制を実施して豪族の中からのみ官吏を選抜することで「上品に寒門無く、下品に世族無し」という状況を作り上げていた。貴族の子弟を庶民の子弟と切り離して教育するために、朝廷は貴族子弟校として国子学の設立を決め、その名称を「師氏は……三徳を以て国子を教え、……国の貴族子弟が学ぶ」(『周礼・地官・司徒』)から付けたのである。国子学は貴族の子弟を、太学は低級官吏や平民の子弟を教育するということで二つの学校が並存したが、国子学は名目上では太学に所属した。東晋の時代も基本的には太学と国子学が並存したが、設立時期が異なり、建武元年(317年)に太学が設立された後、国子学が設立されたのは咸康3年(327年)になってからで、しかも二つの学校が同時に存在したのはわずか26年間であった。永和8年(352年)、殷浩の西域への出征により、国は学校を顧みる余裕がなくなり国子学の学生を解散し、国子学が廃止されたからである。

南北朝の時代、南朝の宋、斉、梁、陳では、基本的に太学と国子学が並存した。梁朝の時代になると、国子学は太学の上に位置づけられ、「国学には祭酒1人、博士2人、助教10人、太学には博士8人」(『隋書・百官志

「国子監」牌楼の一部

図説国子監

上』）となっていた。国学は国子学とイコールである。というのも同書の続きに「国子祭酒到漑」や「旧国子学生」などの記述があるからである。祭酒とは学校の最高責任者で、国子学には祭酒と博士が置かれ、太学には博士のみが置かれていた。太学は国子学の下部組織という位置づけだったのである。

　北朝の時代は状況がそれぞれ異なっていた。北魏では太学と国子学が並存したが、天興3年（400年）から太和年代まで、国子学を中書学と改称していた。北周では太学と露門学が並存したが、露門学は国子学に他ならなかった。周代においては、国子の教育を担当する師氏が宮門の左門路門（寝門、虎門とも呼ばれる）の左側に居住していたが、北周では周礼に倣って宮門の左門の左側に貴族の子弟を教育する学校を作って、露門学と名付けていた。露門学は実際には国子学であることから、国子博士または国子生とも呼ばれた。北斉では国子寺を建て、貴族の子弟の教育を担当させるために主管とし

5

て祭酒を設け、その下に国子学、太学、四門学を置いたが、国子寺は実質的に国の最高学府の一つであるとともに、中央直属校の主管機関でもあった。

　隋が全国統一を果たしてからも、学校は国子学と呼ばれていたが、後に国子寺と改称され、国子学、太学、四門学、書学、算学の五つの学校を管轄下に置き、国子祭酒が主管として設けられた。開皇年代には、国子寺は祭祀を管掌する太常寺から分割され、中央直属校の主管機関として位置づけられた。これによって、中央直属校の管理機関としての国子寺と国の最高学府の一つとしての国子学とが並存することになったのである。仁寿元年（601年）、太学、四門学など中央の学校および州・県など地方の学校が廃止され、国子学だけが残されたが、国子学は太学と改称されたため、国の最高学府は太学のみということになった。大業3年（607年）に国子寺は国子監と改称されたが、国の教育を担当する機関であることに変わりはなかった。

国子監の平面図

唐代の建国元年に中央官学教育が復活し、武徳元年（618年）5月には、「国子学は72人の生員を置き、三品以上の官員の子弟を受け入れる。太学は140人の生員を置き、五品以上の官員の子弟を受け入れる。そして四門学は130人の生員を置き、七品以上の官員の子弟を受け入れる」（『旧唐書・儒学伝』）ことが下知された。同年11月に「皇族の子弟や功臣の子弟のために、秘書外省に小学を設立する」（『唐会要・学校』）ことが下知されると、一年の内に中央直属校が四つ設立されることになったが、主管機関は設置されなかった。武徳4年には、「州、県、郷は、それぞれに学校を設けよ」という詔勅が発せられ、武徳5年には科挙試験が始まり、後半になって中央官学の主管機関として国子寺が設立された。貞観元年（627年）、国子寺は国子監と改称され、国子監は太常寺から独立した。龍朔2年（662年）には司成館と改称されたが、咸亨年代に再び国子監の名称に戻され、光宅元年（684年）に成均監と改称され、神龍元年（705年）に国子監に戻された。なお龍朔2年には、洛陽に東都国子監も設立されている。唐代における国子監は、「祭酒や司業の職は、邦国の儒学訓導の政令を掌り」（『旧唐書・職官志・国子監』）、中央直属の国子学、太学、広文、四門学、律学、書学、算学の7機関を管理するほか、全国の儒学教育も担当した。国子監は、国の最高学府であり、専門学校の主管機関であるとともに、全国教育行政の最高主管機関でもあった。

　宋代でも国子監は設置された。しかも、東京（現：開封）、西京（現：洛陽）、南京（現：商近）の三か所に設置され、東京国子監がその中心であった。東京国子監は国子学、太学、武学、律学、小学を下に置いていたものの教育を主とせず、慶暦4年（1044年）に太学が創設されてからは、その主たる任務を各校の日常的管理とするようになった。具体的には、国の教育政策や法令の執行、各官学の行政の管理、内外学官の考察、試験および推薦、国の釈奠儀礼の開催、科挙受験者の品性試験、武官から文官への転用試験の主宰、官製図書や教材などの編集、検定および発行などで、礼部に次ぐ国家教育行政の管理機関としての役割を担った。

図説国子監

図説国子監

北京国子監の歴史

　北京国子監は明代と清代の両代にわたって国の最高学府であったが、そこに至る歴史を理解するためには、遼の時代の南京太学について語ることから始めなければならない。

　遼は建国当初の神冊3年（918年）に、上京（現：内モンゴル自治区バイリン左旗）に国子監およびその下部学校の太学を設立した後、南京（現：北京市）太学、東京（現：遼寧省遼陽市）太学、中京（現：内モンゴル寧城県西大明）国子監、西京（現：大同）国子監を設置し、それらを五京学と称した。このうち上京国子監の地位が最も高く、他の国子学や国子監はその下に置かれた。南京太学は会同元年（938年）に設立されたとされ、それは同年、遼軍が燕雲十六州を占領し、幽州を南京幽都府（現：北京市西南）に昇格させていることから、恐らくこれと時を同じくして太学を創設させたと思われるのであるが、記述には、統和13年（995年）9月になってようやく「南京太学の生員が次第に増えてきたため、特別に水磑荘一区を賜る」（『遼史・聖宗本紀』）として登場する。遼代の南京太学は国の最高学府の一部の役割を担っていたに過ぎないが、それでも北京に初めてできた国の最高学府に違いはない。ただ残念なことに、現在この南京太学の遺跡は発見されていない。

　北京国子監が歴史に初めて登場するのは金代に入ってからである。天徳3年（1151年）、金は遼代の南京を中都として発展させ、貞元元年（1153年）に南京に遷都した後、中都国子監を設立した。国子監は「宗室および外戚皇后大功以上の親族、諸功臣および三品以上の官員の兄弟や子孫」のみを入学対象者とした（『金史・選挙一』）。教育課程は大学と小学の二段階に分かれており、15歳以上は大学に入り経義または詞賦を学び、それぞれ経義生、詞賦生と呼ばれた。15歳以下は小学に入ったが、大学と小学の定員はそれ

それ100名であった。国子監は、宗室や三服以内の外戚、功臣や三品以上の官員子弟しか受け入れなかったため、教育を受けられる対象範囲は狭かった。その対象範囲を広げるために、大定6年（1166年）に太学を設立し、三品以下、五品以上の官員子弟ならびに科挙試験に落ちた生員や挙人も入学対象とし、国子学と太学が並び立つようになった。

　金は民族独自の文字を創り、大定13年に女真国子学を、同28年に女真太学を設立した。すなわち金代には国子学と太学が二つずつあり、国子学、太学、女真国子学、女真太学がすべて国子監の下で管理された。国子監は国の中央官学の主管機関で、教育と教育行政管理を一元的に行い、祭酒、司業、監丞などの行政官員を置いていた。国子学には博士、助教、教授などの教師、ならびに校勘や筆記などの文書官員が置かれ、太学には博士と助教のみが教師として置かれた。『金史・職官志』に、明昌2年（1191年）に国子監監丞を1名増設し、女真学の管理を兼務させたと記されているが、女真学の教師の資格に関する記述はない。しかし『金史』における西京教授や北京教授などに関する記述から推測すると、教師の資格は漢学における国子学や太

北京国子監正門

学のものと同様であったと考えられる。金の中都は、現在の北京市西南部に位置していたが、国子監の遺跡は発見されていない。

現存の国子監は元代に建てられたものが元になっている。モンゴル族は騎馬で天下を取ったが、

正門の向いにある照壁

漢族士大夫の影響下で、早くから儒教を崇め尊ぶようになっていた。太宗6年（1234年）、金を滅ぼすと、王檝の提案にしたがって金代の枢密院跡地に国子学を建てた。そして「馮志常を国子学の総教に任命し、侍臣の子弟18人を入学させ」（『元史』巻八十一 志第三十一）、規模は小さいながらも順調に発展していった。至元8年（1271年）には、著名な学者である許衡を集賢館大学士兼国子祭酒に任命し、「国子と四怯薛(ケシク)を教育する。七品以上の官員の子弟を国子生として選抜し、三品以上の官員の推挙があれば、民間の優秀な者も貴族子弟の勉強相手という役回りで聴講生として入学できる」（『元史・百官志』）とした。七品以上の官員の子弟であれば国子生として入学できたほか、民間人であっても優秀であれば貴族子弟の勉強相手として入学を許されたというのは、国子学の歴史のなかでも学生資格取得条件が最も低いといえる。

元朝廷は至元4年、都城を拡張した際にその東北エリアに新たに国子監を建てることを既に計画しており、「至元4年に廟学の建設地が決まり、同24年に監学官を設けた」（程矩夫『聖廟碑』）とある。しかしながら建国からまもない時代であったためか、様々な事業に忙殺され、廟学の建設

今なお元代の風格を残す孔子廟正門

は後回しにされていた。元貞元年（1295年）に先聖廟の建設が命じられながら大徳6年（1302年）にようやく着工し、大徳10年に孔子廟が完成すると、やっとその廟の西側に新しい国子監の建設が始まるという有り様で、しかも至大元年（1308年）5月になってもまだ完成には至らず、皇太子の奏請によってやっと同年冬に落成したという。このとき、国子監は現在の場所に移されたのである。

元代国子監の規模に関しては、『呉文正公文集』に次のような記述がある。

> 国学の中堂である監においては、前方に管理機能が集中し、後方が休憩する場所である。側面は東西に向き、東と西にそれぞれ1堂があり、博士のスペースとなっている。東堂の東側、西堂の西側に部屋がある。東室の東側と西室の西側には倉庫がある。倉庫の前には六館があり、東向き・西向きのその館は学生のスペースとなっている。1館に7室あり、助教が中央の部屋を使う。館南の東側と西側には二つの塾があり、門に通じている。建物のまわりは百間に通じる。

この記述から、行政管理機関が北側の中央にあり、教学の場である六館は東と西の両側にあったことがわかる。

皇慶2年（1313年）、図書を保存するため、仁宗アユルバルワダは蔵書楼の建設を命じ、延祐4年（1317年）夏に着工、同6年冬に完成した。この蔵書楼は崇文閣と名づけられたが、「閣は三重の奇棟造で、工師の指導によって建てられたものと思われる。その高さは4常1尺、南北の奥行きは6尋余り、東西の幅は奥行きの倍近くもあり」、すなわち閣の3層の屋根は、高さ65尺、奥行き48尺以上、幅96尺もある、まさに「雄大壮麗にして、監学を一層輝かせる」（呉澄『崇文閣碑文』）ものであった。

　元代国子監は、監と学とに分かれており、国子監は「国の教令を掌る」教育行政管理機関になり、国子学が教育を担当していた。大徳6年（1302年）に始まった孔子廟の建設が同10年に終わり、至大5年に国子監が建てられ、国学が完備されることになり、ようやく「左廟右学」の形に整えられた。この大都国子監の他に、皇帝の巡幸時に随伴する諸生を教育するため、大徳6年に国子学の分校が上都に建てられていた。

　モンゴル人には元々独自の文字がなく、当初、ウイグル文字を使って筆写していたが、世祖の中統元年（1260年）に、国師パスパがフビライの命を受け、チベット文字とウイグル文字を元にモンゴル文字を創った。そしてモンゴル文字を普及させるために、至元8年（1271年）、大都に「蒙古国子学」を建ててモンゴル文字を教えるようになり、その後、「蒙古国子監」も設立された。至元26年8月には「回回国子学」が建てられ、アラビア文字（チュルク語族のペルシア語）を教えていたが、ほどなく廃校となった。しかし延祐元年（1314年）4月になると、「文字は国防のために役立つ」として回回国子監を復

元の加封大成至聖文宣王碑。パスパ文字と漢字が刻まれている。

図説国子監

活させた。

　元朝は教育分野において多くの改革を実行した。全国の教育は礼部の主管ではなく、集賢院を最高教育行政管理機関とし、首都に三つの国子監と三つの国子学を建てたが、統一的管理は行われなかった。国子監と国子学は集賢院が管理し、蒙古国子監と蒙古国子学は蒙古翰林院が管理していたが、回回国子監と回回国子学については史書に記載がなく、どこが管理していたのかは不明である。

　延祐2年（1315年）、朝廷は元明善と趙孟頫の提案を採用し、国子監において進級制度を導入した。すなわち、「昇斎等第を定める。六斎の東西は向かい合うようにし、下等の二斎の左側は『遊芸』、右側は『依仁』と呼び、読誦、解説、対句などの学習をここで行う。中等の二斎の左側は『據徳』、右側は『志道』と呼び、「四書」の解読、詩の韻律などの学習をここで行う。上等の二斎の左側は『時習』、右側は『日新』と呼び、『易経』、『書経』、『詩経』、『春秋』の解読と経義などの程文の学習をここで行う」（『元史・選挙志』）とした。このように、東西の六堂にはそれぞれ名前がつけられていた。

　明の太祖朱元璋は、皇帝の座に就く前の至元25年（1365年）に南京に国子学を建て、洪武15年（1382年）に名称を国子監と改めた。洪武元年に南京が都と定められ、現在北京がある場所を北平府と改称したため、元代に建てられた国子監は北平府学と名称を改めていた。そして永楽元年（1403年）、北平を北京と改称し、永楽2年に元代に国子監が置かれた場所に行部国子監を設けた。永楽19年には北京に遷都し北京を京師と改称し、元々あった国子監は南京国子監、北京行部国子監は京師国子監と改称され、その時代の国の最高学府となった。洪熙元年（1425年）、仁宗洪熙帝は南京遷都を計画し、北京の各衙門の名称に「行在」を付け加えたため、国子監も行在国子監と呼ばれたが、やがて元の名称に戻された。

　明代の初期は元代の国子監を踏襲し規模が小さかったが、正統元年（1436年）、李賢の「朝廷は北京を都としてから、仏教寺院の修復は頻繁に行われておりますが、太学は日に日に荒廃していくばかりです。天下にどうやって法を示すというのでしょうか？　どうか寺の修繕に使う費用で太学の立て直しを図ってください」との奏請が皇帝の許しを得て国子監の大規模拡張工事が始まり、正統9年3月に完成を見た。その後も弘治14年（1501年）、嘉靖11年（1532年）の二度にわたる改修工事が行われた。

　明代国子監の規模については、『春明夢余録』に次のような記述がある。

国子監は城の北東部にある。7室からなる本堂は元代の「崇文閣」に当たる部分で「彝倫堂」と呼ばれる。真ん中の部屋には皇帝が視察に訪れた際に座る玉座が設けられており、その上に勅諭が5通掲げられている。東側の1室には祭酒の座が南向きに置かれ、司業の座が西を向いている。堂の前は露台と呼ばれ、露台の南は渡り廊下となって太学門へとつながっているが、長さが43尺あり、皇帝が来駕の際にここを通る。東と西の両側は石段を上がったところが平坦になっていて、学生たちがここに並ぶ。後堂は3室、東講堂は3室、西講堂は3室、薬局は3室からなる。東に曲がると、縄愆庁3室、鼓房1室、率性堂、誠心堂、崇志堂がそれぞれ11室ある。西側は博士庁3室、鐘房1室、修道堂、正義堂、広業堂で、率性堂に似た作りとなっている。六堂は学生たちが勉強する場所である。東に折れた南側には、部屋が9室、門が一つある。西側も同様の構造をとっている。東と西の両側に、柏の木が64本植えられている。

　太学門は三間造りである。東井亭の東側には持敬門があり、孔廟へとつながる。そこから少し北には広儲門があり、啓聖祠、土地祠、典簿、典籍、掌饌庁、倉庫へとつながり、祭酒の東廂（執務室）もここから入る。西井亭の西側には退省号門がある。そこから少し北には広居門があり、司業の廂（執務室）と学生たちの宿舎へつながる道がある。ここには柏の木が24本植えられている。

　前方は三間造りの集賢門で、門は大通りに面し、東側と西側に牌楼が一つずつあり、「国子監」と書かれている。大通り側にも牌楼が一つずつあり、「成賢街」と書かれている。

　彝倫堂の後方には斎明所が9間あり、格、致、誠、正号の号室に分けられ、各号計37室あった。嘉靖7年にその部分が敬一亭に建て直され、正門の扁額に「敬一之門」と書かれた。祭酒の廂房は敬一亭の東側に、司業の廂房は西側にある。会饌堂は一つあり、国子監の北東にある。典籍庁は5室、饌堂門の左側にある。さらに、典簿庁3室、掌饌庁3室がある。

　退省号および広居門の西側には、天、地、人、智、仁、勇、文、行、忠、信、規、矩、準、縄、紀、綱、法、度の計18室がある。そして退省房三つと、浴室、便所がそれぞれ一つずつ設置されている。

記述は詳細になされているものの、残念ながら、彝倫堂から太学門へと通じる渡り廊下が「長さ43尺」という部分には誤りがある。43尺とは14メートルにも満たず、これはあり得ないことである。渡り廊下に面して廂房がそれぞれ37室あるので、正しくは43丈であろう。明代の国子監は現存する建物とほぼ同じ造りであったが、清代の国子監よりも北東の会饌堂、典籍庁、典簿庁、掌饌庁、そして西側の18室分が多かった。

　清は明代の跡地に国子監を建て、順治元年（1644年）に祭酒として満州人1名、漢人1名を置き、司業を満州人2名、漢人、モンゴル人各1名の計4名配置した。国子監は太常寺に所属していたので、祭酒は太常寺少卿を兼ね、司業は太常寺丞を兼ねていた。康熙2年（1663年）に国子監を礼部の管轄下に置いたが、康熙10年には礼部から離脱させ、「今後、国子監は独立機関とする」とされた。雍正3年（1725年）、皇帝は特命として、康親王、果郡王に国子監の管理を命じ、それ以降、兼官大臣を皇帝の命によって選任することになったため、国子監には管理監事大臣という役職が増え

清代の国子監平面図

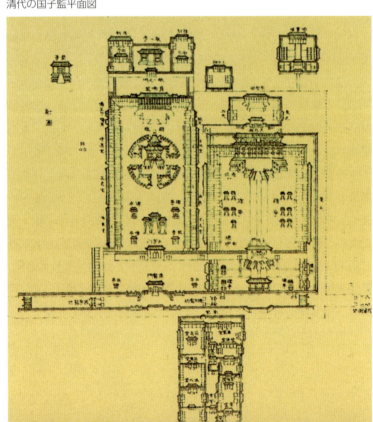

「圜橋教沢」牌楼

た。管理監事大臣はすべて高官が兼任していたので、兼官国子監事大臣または総理監事大臣とも呼ばれた。管理監事大臣は国子監の最高責任者で、国子監のすべての事を管理し直接皇帝に対する責任を負った。管理監事大臣を設け、国子監を礼部から独立させ、学校運営の自主権を増大させ、最高学府に対する皇帝の直接統治を強化させたことは、朝廷が国子監をそれまで以上に重視するようになった表れであった。

　清代には国子監の大規模改修が行われた。順治元年（1644年）当時、国子監の学生は主に満州族の子弟であったが、寮がなかったため、彼らは全城に散らばって住んでいた。国子監の祭酒李若琳の奏請により、八旗近くに書院が一か所ずつ建設され、国子監から教師が派遣されたことから、それが八旗官学へと発展していった。清代初期、国子監はかけられる経費が少ないうえに寮もなかったため、学生数は地方の学校にも及ばなかった。雍正8年（1730年）、祭酒孫嘉淦の奏請により、教師と学生の食費、学生の学費、被服費、褒賞、救済などの経費として毎年銀6,000両が支給されることとなり、その後もその支給は続いた。雍正9年、孫嘉淦および兼管監事大臣である鄂爾奇の奏請により、国子監の南にある方家胡同官房142室が学生や教師の寮として国子監に与えられ、その後の南学となった。そうしたなか、最も重要な出来事は乾隆48年（1783年）、彝倫堂の前に辟雍が建てられたことである。千年以上伝承が途絶えていた辟雍が再び国学に登場したことによって、国子監がさらに充実したのである。

図説国子監

国子監の役割と管理

　明、清の時代、国子監は国の中央官学全体の管理機関であると同時に、国の最高学府でもあった。しかし国子学、太学、四門学などの中央官学が廃止されると、国子監が教育的役割のすべてを担うこととなり、監と学が統一され、国子監が本来担っていた管理的役割は弱まっていった。

■ **国子監の役割**

　清代では、「国子監は成均の教法を掌り、時程を以て学生を教える。毎年の仲春と仲秋の上丁[1]には先師を祀って礼儀を尽くし、天子が学校を訪れたときにはご進講し、新しい進士が釈褐（仕官）すれば座って礼を受ける」（『清朝文献通考・職官七』）とされた。このように、国子監は学生の教育と管理、孔子の祭祀、皇帝が辟雍を訪れたときおよび釈奠礼を行うときに皇帝に講義をすること、新しい進士の釈褐礼を主催することなど、四つの役割を有していた。しかし実際のところは、以上のほかにも、さらに二つの役割を有していた。一つは、国子監の外にある八旗官学、算学、ロシア学を管理すること、もう一つは、毎回郷試が行われる前に、順天（北京）郷試の受験を希望する全国の貢生や監生ならびに都の小官や高官子弟の録科試験（予備試験）を実施し、録科試験の合格者に対して科挙の模擬試験訓練を短期集中的に行うことであった。

　郷試前の録科試験は、国子監にとって負担の大きな仕事であった。国子監に属する学生の録科試験のほか、国子監以外で学ぶ貢生や監生、都の雑職および官員の子弟に対しても、独自に試験を行わなければならなかったのである。

　国子監以外で学ぶ貢生や監生は、「考到」と「録科」という二度の試験を受けなければならなかった。国子監は、郷試の受験を予定している各府、州、県の貢生や監生が本旗または本籍の証明書を持って郷試年の2月（湖南省、

---

[1] 陰暦2月と8月の上旬の丁の日。

貴州省、四川省、雲南省、福建省、広東省など、遠方各省の監生は4月まで猶予を設けた）に国子監へ届けに来るよう、郷試の前年にそれぞれの旗と省の総督と巡撫に通知していたのである。対象となる貢生や監生は、国子監でまず資格試験を受けなければならなかった。第1回の試験は「考到」という予備試験で、6月1日から7月30日まで、いくつかのグループに分かれて行われた。国子監の堂上官が交代で出題するもので、四書題と経義題の各1問が課され、合格者は六堂に振り分けられた。第2回の試験は録科といい、考到に合格した者を対象とした試験で、「正途」の貢生や監生ならびに無功名の貢生や監生に対し行われた。第1回の試験と同様、堂上官が交代で出題し、試験内容は郷試と同じように、四子書芸題1問、五言八韻詩題1問、策題（時事論述）1問、さらに『聖諭広訓』題1問が課された。考到と録科に合格した者だけが、8月の郷試を受験する権利が与えられた。

郷試に先立ち、国子監は、順天郷試の受験を希望する都の官員候補者、武英殿の校録、誊録、各官学の教習（官名）、小京官、筆帖式（ヒトヘシ）、天文生、算学生に録科試験を実施するとともに、文官の各京、堂、科、道、翰林院庶吉士以上、詹事府中賛以上、外官の藩臬（布政使と按察使）以上、武職京外二品以上の官員の子孫、兄弟、兄弟の子らに対しても録科試験を実施するものとされた。

■ **国子監の主管官員**

国子監は、その創設から清代初期までの期間、基本的には礼部に所属し、礼部管理下の二級行政機関であった。しかし清代初期、管理体制が大きく変化し、順治15年（1658年）、国子監は独立機関となり、その業務は礼部の管理を受けなくなった。康熙2年（1663年）、再び礼部の管理下に置かれ

彝倫堂

たが、その8年後には再び独立機関に戻された。

　清代において、国子監の最高責任者は管理監事大臣であった。管理監事大臣の職は雍正3年（1725年）に設けられたもので、皇帝が康親王、果郡王に国子監の管理を命じ、それ以降、皇帝が特派した大学士、尚書、侍郎などの高官らが国子監の管理監事大臣を兼任するようになった。管理監事大臣は国子監の業務を管理し、皇帝に対して直接責任を負った。しかし実際のところは重要な意思決定および上への申請や報告などが中心で、国子監の具体的な日常的業務は依然として祭酒が担当していた。管理監事大臣は、彝倫堂内の東側の部屋で執務を行った。

　国子監の主管官員は祭酒であり、清代では計2名、満州人と漢人が1名ずつ配置され、官階は従四品であった。祭酒は、「国子監の業務を司り、貢生、監生、官学生を教えるよう、下属を統率する」、「国子監の業務を統轄し、規則を厳しく制定する。下属官員の手本となり、後進の模範となる」（『清朝文献通考・太学』）よう定められ、国子監の教育および人材や財物の管理を主管した。主な職責は次のようなものであった。すなわち、監内の六堂や琉球学館、監外の八旗官学、算学館、ロシア学館の教育を管理し、朔望[2]に四書を講義するとともに、郷試の前に全国の貢生や監生の録科試験を行う。また、八旗官学や算学生の恩監試験を主宰し、優秀な監生を官吏選抜に推薦するとともに下属官員の昇進審査を主管する。さらには、孔子廟に釈奠を執り行う人員を派遣して釈菜（せきさい）を主宰するとともに、国子監の財務を監査することなどであった。祭酒は小官で俸禄も少ないが、その地位は高潔で重要な職務であったため、品性、学問ともに優れた者でなければ任ぜられることはなかった。康熙帝は次のような『祭酒箴』を作って、懇々と説いている。「朕は文徳を広め、辟雍を模範としようとした。そこで、祭酒を任命し、多くの士たちの師とした……祭酒が代表となって学士を監督するが、その模範となることは容易なことではないだろう。曲がった木は墨縄を当てて削ればまっすぐになり、玉は磨くことによって器となる。このように人材を育成すれば、将来性のある優れた士たちが押し寄せてきて、汝を模範とするだろう。多くの士が集まってくるのは、汝の教えを傾聴するためである。汝はさらに身を清廉にして言動に気をつけ、下の者たちを統率せよ。……謙虚にして、富貴栄華を求めず、学問に対し誠心誠意臨め。人を騙さず、権勢を追い求めず、孔子や孟子を模範とせよ。皇帝による徳化の有り様は、成均（学校）から窺い知ることができる。もし汝がその責務を疎かにするようであれば、どうし

---

[2] 陰暦の1日と15日。

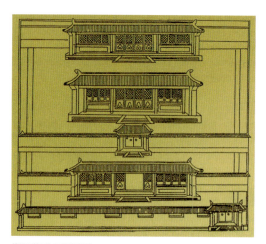
祭酒公所の平面図

て人倫を明らかにすることなどできようか？ 儒学者としての品性が優れていることによって、汝の努力に光が当てられるだろう。勅書の微妙な意味を読み解き実行し、その名声と威厳に恥じぬよう、教化を広めていってほしい」。

祭酒は彝倫堂内西側の部屋で執務することになっていた。敬一亭の東側には執務専用の建物が前後に2列並び、前列に広間3室、後列に後軒5室あったが、後軒にはさらに東西にそれぞれ二つの部屋があった。南学にも執務用の建物が並んでおり、祭酒公所と名付けられていた。その東側の中央に二つの庭園が前後して配置され、30以上の部屋があった。

祭酒を補佐したのが司業で、明代は1名、清代には満、漢、モンゴル人が1名ずつの計3名が配置されたが、モンゴル人の司業は八旗官学の蒙古学のみを担当し、官階は皆正六品であった。その職責は、「下属官員を率いて政典を行い、教師と学生をよく知り教育に勤め、選考、推薦、課試、審査のすべてを執り行う」こととされ、祭酒の補佐役として、国子監のすべての仕事に関与した。朔望には「四書」や性理などの諸書を講義し、毎月1日に行われる崇聖祠釈菜および15日に行われる大成殿行香を交代で主宰した。司業も彝倫堂内で執務を行ったが、敬一亭の西側に独立した執務専用の建物が並び、その造りは祭酒が執務する建物と基本的に同じであった。南学にも執務専用の建物が並んでおり、司業公所と名付けられていた。その東側は祭酒公所とつながっていたが行き来することはできず、前後に二つの庭園があり、六つの部屋があった。

■ 国子監の組織と事務官員

国子監の主な職責が学校の管理や教育へと移ると、その組織体制も管理や教育が主務となるよう編制された。祭酒や司業の指導の下、国子監は事務機関として四つの庁を置き、六堂、八旗官学、算学館、琉球学館、ロシア学館

を教育の場とした。

　縄愆庁は国子監監丞が執務する場所で、彝倫堂の東廂内に位置し、3部屋からなっていた。明代の監丞は、「縄愆庁の事を掌り、監の業務を指導し、規則を明確にすること。諸師生において過度に食禄不潔なことがあれば罰し、集愆冊に書き記すこと」が職務とされた。一方、清代では縄愆庁監丞と呼ばれるようになり、「学則を掌ること。それを以て授業を監督し、勤怠を正し、俸給を平等にし、出費を審査し、八旗教習の功罪を書き記すこと」が職務とされた。また、「監丞の職務は過失や誤りを正すことであり、教師が師訓を怠り、監生が規則に背き、学業を怠ることがあれば、それらにすべて懲罰を与え、集愆冊に書き記すこと。監生に学規を守らない者がいれば、記録して通考の際の拠り所とすること」（『清朝文献通考・太学』）も職務とされた。すなわち、国子監の監督や審査を主管し、教師や学生の勤怠、教育の効果、財務の収支を調査し、学籍を管理したのである。また、国子監官印の使用を監督し、国子監の規則に違反したり、無断欠席をしたり、勝手に学舎を離れたりした監生を処罰するなど、今でいう教育指導課に相当する業務を担っていた。庁内には机のほか体罰用の赤い椅子が二つ置かれ、下級役人2名が配置されていた。規則に違反する学生がいれば、彼らが直接罰を下した。違反の度合いが重い者は赤い椅子に座らせ、下級役人が竹の板で叩いた。違反の度合いが軽い者は机の上に手を置かせ、細長い板で手のひらを叩いた。明代は監丞1名、清代は満州人と漢人が各1名ずつ配置され、官階は正七品であった。

　博士庁は教師が試験の採点や講義の準備、休憩をしたりする所で、今でいう研究室に相当する。彝倫堂の西廂内に位置し、3部屋からなっていた。国子監の教師には、博士、助教、学正、学録がいたが、彼らは「学生の指導を職務とし、教育課程を密に組み立て、熱心に講義しなければならない。もし怠惰などから監生に学規を反する事件を起こす者が出れば、堂上官が教師を処す」（『清朝文献通考・太学』）とされた。講義だけでなく、学生の指導管理も担当したのである。

　典簿庁は典簿が執務する所で、明代には専用の執務室が置かれていたが、清代では専用の執務室はなく、縄愆庁の監丞と同じ部屋で執務にあたった。典簿の仕事は、公文書を管理し、その出入りを記録すること、そしてその職務は、文書記録を正確に残すこと、俸禄を支払い、帳簿にまとめることであった。上部や外部に対する上奏文や公文書の管理、資産の管理、家屋の修繕

や祭祀に用いる道具の修理、貢生と監生の入監および郷試資格の審査、国子監官員の昇進手続き、国子監官印の保管などを担当した。清代では、満州人と漢人の典簿が1名ずつ配置され、彼らの官階は従八品であった。

「圜橋教沢」牌楼の装飾

典籍庁は典籍が執務を行う所であったが、清代では執務室はなく、縄愆庁で仕事をした。典籍の職務は経史書板のすべてを管理することで、書籍や書板、碑石の管理を担当した。典籍は1名配置されたが、漢人が担当し、その官階は従九品であった。

四つの庁のほかに、銭糧処、照房、当月処、檔子房などの事務処理組織もあり、事務官員には筆帖式と呼ばれる文書係もいた。

銭糧処は銭糧の出入りを管理する部門で、主に諸生の学費、被服費、賞金、事故時の扶助費、学舎修繕費、大課および六堂で講義を行う際の官吏の食費などを管理していた。定員はなく、国子監主管から派遣された国子監官員2名が兼任していた。

照房は貢生や監生の身分証を管理する部門で、国子監入学の際に戸部執照[3]と戸部訪問記録を照合して交付し、貢生や監生が郷試に合格し、あるいは除名されると回収した。定員はなく、国子監主管から派遣された満州人と漢人各4名が兼任し、一年ごとに交代した。

当月処は皇帝の勅旨を転写し、各衙門から受け取った公文書を記録して、翌日主管に送ることなどを担当していた。定員はなく、国子監の満州人と漢人が兼任した。

檔子房は、翻訳、満州語の上奏文や各衙門の公文書の清書、そして官員の京察簿冊[4]などを作成する部門であった。定員はなく、満州人の助教と筆帖式が担当した。

さらに事務官員には筆帖式が8名おり、文書の翻訳を担当した。構成は満州人4名、モンゴル人と漢人が各2名で、その官階は七品から九品までと、一様ではなかった。

---

3 土地管理、戸籍、宮吏への俸給などを司掌する戸部が発行した、捐納による身分取得の証明書。
4 3年に一度行われた在京官吏に対する勤評簿冊。

国子監の教育施設

　国子監における教育施設には、監内の六堂、辟雍、彝倫堂、琉球学館、および監外の八旗官学、算学館、ロシア学館がある。

■ **六堂**

　六堂、すなわち率性堂、修道堂、誠心堂、正義堂、崇志堂および広業堂は、辟雍の東西両側に位置する。東側には、北から順に、率性堂、誠心堂、崇志堂があり、西側には、北から順に、修道堂、正義堂、広業堂がある。明代初期、六堂では等級試験進級制度が実施され、洪武16年（1383年）に定められた国子監学規には、「生員の中で、『四書』に通じているが経書に通じていない者は正義堂、崇志堂、広業堂で学び、1年半以上経って文章に通じるようになった者は、修道堂、誠心堂への進級を許可する。そこで1年半以上学び、経史にも通じ、文章もともに優れている者は率性堂へ進級することができる」（『南雍志』巻九）と規定されていた。清代になると、この等級進級制度は廃止され、六堂は文字通り六つの学級として機能を果たすようになった。一つの堂には45名の学生が所属したが、うち25名は内班、20名は外班とされ、内班は校内に住み、外班

西側三堂の廊下

は通学した。雍正9年（1731年）に南学が拡張されると、教育活動の中心は次第に南学へと移り、乾隆年間に十三経の石碑が立てられると、北学の六堂は十三経石碑の陳列館となった。

　雍正年間、各省からの抜貢[5]が都に集まり、監内に居住すべき学生が300人以上にもなった。この問題の解決のために、国子監の祭酒孫嘉淦および兼管監事大臣の鄂爾奇が、国子監南側の方家胡同の官房を学生寮として使わせてもらえるよう朝廷に上奏した。皇帝から許可が得られると修繕が施され、国子監の学生寮となった。『欽定国子監志』の記録によると南学にも六堂が設けられ、東区に率性堂と広業堂があって、その二つの堂の間に二つの建物――東が祭酒公所、西が司業公所――があり、西区には四堂があった（図に示されたものとは一致しない）という。六堂は助教、学正、学録が住み、東西両側にある廂房と号舎には学生が住んでいた。乾隆元年（1736年）、学生の定員が300人と定められたが、うち寮に住んでいた学生は180人だけで、寮で暮らす学生が減少していくにつれ、教育活動の現場は次第に南学へと移っていった。

■ 辟雍

　辟雍は、皇帝が国子監に赴いた際に大学士、祭酒、司業らが皇帝のために講義を行う場であるが、清代においては、講義が終わった後、皇帝も自らの経書に対する解釈を語っていた。例えば、乾隆50年（1785年）に大学士の伍弥泰、大学士で兼管国子監事の蔡新が『大学』の「人の君たりては仁に止まり、人の臣たりては敬に止まり、人の子たりては孝に止まり、人の父たりては慈に止まり、国人と交わりては信に止まる」について進講し、次いで祭酒覚羅吉善と鄒奕孝が『易経』の「天行健なり、君子は以て自強して息まず」について進講したが、講義の後、皇帝はこの二つの問題について自らの見解を語り、国子監の学生たちは外から拝聴した。したがって辟雍も教育の場と位置づけられる。

■ 彝倫堂

　明代においては毎月6回、2日、3日、8日、14日、21日、25日に会講[6]があり、彝倫堂前で行われていた。会講を担当する者は毎回2名で、六堂の堂官が順番で担当した。題目は、会講担当者がいくつか提出し、司業が

---

5 各省から国子監に送るために選抜された特に優秀な生員。
6 学術研究討論。

月台

　その中から一つ選んだ。そして会講担当者が原稿を書き、それを司業が手直しした。会講の日は各堂の学生が集まって聴講し、終了後、博士庁が原稿を清書して六堂に貼り、学生たちが写して学べるようにした。清代の『国子監志』には考校に関しては詳細な記録が残されている一方で、講義についての記録がないため、清代になると会講は行われなくなったかのようであるが、孔尚任の『出山異数記』から、会講が依然として行われていたことがわかる。そこには次のように記されている。「祭酒公淑元が最初に着任したとき、私（孔尚任）が皇帝から特別に任用された講義の官であることを知り、彝倫堂西階の高い場所に講壇を設けてくれた。鐘や太鼓の音とともに、15省の満州人、漢人の学生が数百人集まり、高く置かれた講壇を囲み三拝の礼を行った。それを合図に、壇上にいる私は講義を開始した。講義は毎月３回行われ、終了後、学生に経義が配られた」。会講は月３回に変わったのである。

■ 八旗官学

　八旗官学は満州人子弟のための専門学校であった。八旗は満州人独自の軍事・行政制度で、兵と民の一体化、軍と政府の一体化を特徴としており、満州人を八つの軍団に分け、８種の異なる色彩の旗印の下、普段は生産活動に従事し、戦時には兵役に服した。北京に入域した後、八旗の子弟たちは国立

学校で学んだが、国子監は市内の北東の端に位置していたため、通学に不便であった。順治元年（1644年）、祭酒李若琳の上奏により、旗ごとに書院が設立され、国子監の教師が出張講座を行った。その後、学生が集まらなかったためか、翌年には4か所に合併された。雍正6年（1728年）、祭酒孫嘉淦が1旗1学校を復活させ、1校の定員を100名とし、国が建物を支給するよう提案したことが契機となり、規範的な八旗官学が構築された。八旗官学は各校に助教3名、教習8名を配置したが、その構成は満州人の助教2名と教習1名、モンゴル人の助教1名と教習2名、漢人の教習4名と弓矢教習1名というものであった。

　各校の場所および規模は次の通りであった。

　鑲黄旗官学は安定門内西圓恩寺胡同に位置し、部屋数は37室あった。

　正黄旗官学は西直門内祖家街に位置し、部屋数は37室あった。

　正白旗官学は朝陽門内南小街新鮮胡同に位置し、部屋数は28室あった。

　正紅旗官学は阜成門内巡捕庁胡同に位置し、部屋数は47室あった。

　鑲白旗官学は東単牌楼東象鼻子坑に位置し、部屋数は35室あった。

　鑲紅旗官学は宣武門内頭髪胡同に位置し、部屋数は48室あった。

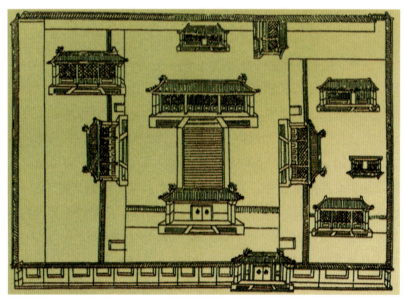

鑲紅旗官学の平面図

正藍旗官学は東単牌楼北新開路に位置し、部屋数は35室あった。

鑲藍旗官学は西単牌楼北甘石橋馬尾胡同に位置し、部屋数は40室あった。

八旗官学の各校は五つの館を設け、漢語が4館、満州語が1館とし、漢語を学びたい学生は漢文館に所属するようにした。モンゴル語に関してはそれらとは別に1館置かれ、各館の定員は定められていなかった。

■ 琉球学館

琉球学館は琉球国からの留学生たちが学ぶ場所であった。明の洪武25年（1392年）、琉球国からの最初の留学生が派遣され、当時は南京国子監に所属したが、嘉靖5年（1526年）からは北京国子監に所属するようになった。清の康熙27年（1688年）、琉球国からの留学生が再び中国を訪れるようになり、康熙帝は礼部に「適切に配置せよ」と特命を下した。国子監は主管として博士1名を、教習として正途監生1名を派遣するとともに、琉球国の留学生たちのために敬一亭の右側に学館を建てた。学館内には留学生宿舎、講堂、教習宿舎、随員や料理人たちの宿舎などがあった。留学生の学習内容は、「経史の講読が中心であり、その他に詩や古文を学びたい者は、各人の資質に応じた教室で学び、その都度解説を受ける」（『欽定国子監則例・博士庁』）というものであった。琉球国の留学生は一般に3年間の留学後、帰国した。清代においては、琉球国は既にある程度まで中国文化が浸透していたため、留学生は3年間の勉学終了時に学力水準が大幅に向上していた。例えば、留学生の鄭孝徳や蔡世昌は、「3年間学び、文芸をよく知り、性理論、駢体文ともに優れ、書法も秀でている」（『欽定国子監志・学志十』）と称えられた。

■ 算学館

算学館は科学技術の専門学校で、主に天文や暦法に必要な算術に秀でた人材を養成することを目的とした。隋、唐の時代から宋代にかけて、太学や国子監は算学を置いていたが、元と明の両代では算学を設置せず、科学技術の教育が中断していた。科学技術を特に重視していた康熙帝は、康熙9年（1670年）に親政を開始してまもない頃、満州人官学生6名と漢軍官学生4名を選抜し、欽天監で天文を学ばせるよう命じた。また、康熙52年には暢春園蒙養斎に算学館を開設し、「大臣官員の中から数学に通じた者を選んで司るよう命じるが、特に皇子や親王はよく知らなければならない。八旗内名家の子弟を選び算学を学ばせる」とした。このように、開設するや、算学館は別格の存在となり、皇帝自らも講義を行うとともに、学生にも師弟間と

同じように質問をすることを許した。算学館は規模が小さかったため、乾隆4年（1739年）に国子監に統合され、国子監算学と呼ばれるようになり、公文書にも国子監官印が使われた。算学館には、管理大臣1名、助教1名、教習3名、協同分教3名が配置され、学生は60名で、うち満州人12名、モンゴル人と漢軍がそれぞれ6名、そして漢人12名と欽天監履修生24名であった。満州人、モンゴル人、漢軍の算学生は、八旗官学から選抜されたが、漢人の算学生については、挙人、貢生、生員、童生、世業子弟を問わず出願することができ、国子監と算学館が共同で選抜試験を実施した。欽天監の算学生は、欽天監により選抜された。

■ ロシア学館

雍正6年（1728年）、ロシア政府から留学生派遣の申し出があると、雍正帝は旧会同館にロシア学館を設立するよう命じるとともに、王公大臣に国子監助教を推薦させ、皇帝自らが教師を選抜した。ロシア官学は理藩院が管理し、学生の衣服や生活の費用も理藩院が面倒を見て、教育は国子監から派遣された助教が担当した。国子監が満州人と漢人の助教を2名ずつ推薦し、そこから皇帝が1名ずつ選び教育に従事させた。

辟雍の池

国子監の学生

　明代から清代にかけて、国子監は行政と教育が一体化したものとなったが、主な職責は教育であり、封建国家に必要とされる人材を育成することであった。すなわち、国子監の学生は国子監教育の受け手ではあるが、それは取りも直さず国子監教育の主体であったといえよう。

■ 学生の定員

　明代前期は、国子監が最も栄えた時代である。永楽7年（1419年[7]）に1,928人であった監生が、北京遷都の1年前、永楽18年には5,460人にまで増加し、天順6年（1462年）になると最多の13,569人となっている。南京国子監の監生まで含めると、成化元年（1465年）には19,188人に達

西側三堂の外観

---

[7] 永楽7年を1419年とするのは原書の誤り。正しくは1409年。

した。しかしその後、人数は激減する。北京国子監は1,000人にまで減り、嘉靖から万暦年間前期まで、監生数はほぼ横ばいで500〜600人、わずか300人ほどの年もあった。清代初期、国子監には定員というものがなかったが、乾隆元年（1736年）、監事大臣と刑部尚書を兼任していた孫嘉淦の上奏により、定員が300人と定められ、各堂50人、うち監内に居住する内班は30人、監外に居住する外班20人とされた。その後、何回か変更されたが、最終的に定員は270人となり、うち内班が六堂の各堂25人の150人、外班が六堂の各堂20人の120人とされた。

■ **学生の種類**

順治元年（1644年）当時、国子監はほぼ満、漢貴族の子弟のための学校であった。しかし、順治13年に「四品以上の官員子弟」とした入学制限を廃止し、蔭監制度を確立すると、学生の募集範囲が次第に拡大され、品官の子弟や地方官学の廩生、増生、附生、武生、寄付によって功名のない平民までも入学を許された。こうして国子監教育は徐々に国民に開放されていったが、このことは大きな進歩といえよう。

国子監で学ぶ学生は大きく貢生と監生に二分された。附属校には八旗官学生と算学生がおり、そのほかに琉球やロシアからの留学生もいた。

貢生は、明代に歳貢、選貢、恩貢、納貢の4種類、清代には歳貢、恩貢、抜貢、副貢、優貢、例貢の6種類のほか、初期に功貢と呼ばれるものもあった。

歳貢生は、府、州、県の学校が国の定める定数に従って正規学生である廩膳生員から選抜して推薦した貢生である。一般的には、府学は毎年1名、州学は3年で2名、県学は2年で1名を推薦した。また、京師の満州人とモンゴル人を毎年2名、漢軍は毎年1名、盛京の満州人とモンゴル人を3年で1名、漢軍は5年で1名を推薦した。初期の頃、歳貢は必ず「学力、品行に優れ、文理に通じた」者が選ばれたが、後になると、食禄の支給を受ける年長者から順番に推薦されるようになったので、世間から軽んじられ、挨貢と呼ばれるようになった。こうした弊害を是正するため、後に貢生は一正二陪[8]と定められ、各省の学政による厳しい選考の下、正貢が不適格となった場合は候補者から選抜した。清代初期、貢生は都に着くと廷試を受け、合格者に官職が授けられていたが、順治11年から、廷試を受ける前に国子監で学ぶことが義務付けられた。

抜貢は、各省の学政による選抜、および総督と巡撫による試験を経て選ば

───────────
[8] 1名の合格者のために、さらに2名の候補者を推薦すること。

れた学力と品行ともに優れた生員である。抜貢は廩膳生員に限定することなく、歳試と科試（郷試前の選抜試験）[9]の両方で1等、2等の者から選ばれた。抜貢の選抜は、清代初期は6年に1回行われていたが、乾隆帝の時代に12年に1回に変更され、府学は2名を、州・県学は1名を推薦した。また、京師の満州人、モンゴル人は各旗2名を、漢軍は各旗1名を、盛京の満州人、モンゴル人は計2名を、漢軍は1名を、順天府は6名を選抜した。初期の頃、抜貢は都に赴き廷試を受けていた。試験は2回行われ、乾隆29年（1764年）に第1回の試験が四書題2問と経文題1問、第2回の試験が策題1問、論題1問、五言八韻詩題1問と定められた。成績が1等、2等の上位者は大半が官職を授けられ、乾隆元年では抜貢のうち18名が知県に、50名が教職として用いられた。それ以外の1等、2等で官職を授けられなかった者や3等の者は国子監で学ばせ、文章に問題がある者は原籍地に送り返し、3年後に再び廷試を受けさせた。不適格者は免職するとともに、その責任を追及し選抜に関わった官員を処分した。しかし後になると、廷試によって官職を与えることを取りやめ、すべての合格者を国子監に送って学ばせるようになった。抜貢は試験の結果をもとに選抜されていたので、貢生の中で最も重要視された。

　優貢生とは、廩生や増生の中から各省が試験によって選抜した貢生である。清代の制度では学政の任期は3年間であったが、その任期満了時に生員の成績を報告するようになっていた。優秀な生員は、学政や総督、巡撫の審査を経て礼部に推挙され、礼部は国子監とともに試験を行った後、その生員を国子監で学ばせた。このように、優貢生は3年に一度選抜されることになり、順治2年（1645年）には直省大学（廩膳生員の定員が15名以上の学校）で2名、小学（廩膳生員の定員が15名以下の学校）1名と規定

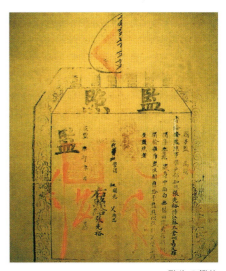

監生の鑑札

---

[9] 院試に合格すると「童生」は「生員」となり、歳試と科試の受験資格が得られる。歳試はいわゆる学力判定試験で、成績不振の場合はペナルティが課せられる。また科試は郷試の予備試験で、合格者は「挙子」と呼ばれ、郷試の受験資格が与えられる。

されていたが、乾隆4年（1739年）には、大省（郷試挙人の定員が80名以上）で5〜6名、中省（郷試挙人の定員が60〜72名）で3〜4名、小省（郷試挙人の定員が40〜54名）で1〜2名に変更された。試験の内容と方法は抜貢と同じで、府、州、県学の廩生や増生から選抜して推薦するというものであった。清代においては、各校の廩生、増生に定員があり、府学の廩膳生員の定員は40名、州学は30名、県学は20名であった、例えば、江蘇省は全省に8府3直隷州3散州1庁65県あり、廩生と増生がそれぞれ1,377名いた。郷試挙人の定員は69名で中省に該当するため、3年に一度3〜4名の優貢生を推薦していた。倍率でいうと、実に600〜700倍である。

　副貢生とは、郷試で副榜[10]として国子監に入った生員である。各省は郷試の際に、自らの挙人定員の5分の1を副榜として推薦し、副榜生員として国子監で学ぶことができるようにしていた。

　恩貢生については、二通りの学生がいた。一つは、皇室の祝典、例えば、皇帝の即位など慶事があったときに、皇帝の詔勅により、府学、州学、県学の歳貢定員の枠外から選抜された貢生をいい、該当年に選抜された者を恩貢、翌年再度選抜された者を歳貢と呼ぶものである。もう一つは、皇帝が「幸学」[11]する際に参列させた聖人、賢人の末裔の中から選抜、あるいは孔子の祭祀のため曲阜を訪れた後に特別に選抜された貢生をいい、陪祀恩貢生とも呼ばれた。陪祀恩貢生は明代天啓4年（1624年）に始まり、清代にも受け継がれた。順治9年（1652年）、皇帝の幸学の際に、孔子、顔回、曾参、孟子、子路の5氏の末裔を参列させ、儀式が終わった後、5氏の子孫15人を国子監で学ばせることとした。その後、閔子騫、冉求、卜商、言偃、冉雍、端木賜、顓孫師、有若など計13氏の子孫および周公の後裔東野氏の子孫、さらには功名のない俊秀（平民）にまで拡大された。その人数は次第に増加し、乾隆3年（1738年）には31人、同50年には37人、嘉慶3年（1798年）には39人、そして道光3年（1823年）には40人にまでなった。

　例貢生とは、規定に沿った金銭を納めて国子監に入った貢生である。府学、州学、県学の廩生、増生、附生の中から、国に一定の金銭や穀物を納めるとともに、同郷の中央官人の文章による推薦で入学した者が例貢生と呼ばれたが、貢生の中で最も低く見られた。乾隆年間、国子監に入るためには、廩生で銀60両、増生で銀80両、附生で銀90両を寄付する必要があった。寄

---

10 補欠合格者。
11 学校巡幸。詳しくは後述（「国子監の儀式」P59）。

付は穀物によってすることもでき、銀1両は穀物1石2斗5升に換算されたが、それは現在の重量で約750kgに相当するものであった。

　功貢生とは、従軍により戦功を立て国子監に入った生員である。順治11年には、生員が従軍し軍功を立てれば国子監に入ることができるとして、次のように規定されていた。「出征した廩生は貢監とし、生員が軍功二等を立てれば監生とし、さらに軍功二等を立てれば貢生とする」（『清会典事例・礼部・学校・軍功貢監事宜』）。しかし、この貢生制度は2年間しか実施されなかったため、『国子監志』には関係する記述はない。

　貢生の中で恩、抜、副、歳、優は五貢と呼ばれた。五貢は科挙試験の進士や挙人以外の正当な方法によって仕官した者と見なされ、他の「雑流」とは区別された。

　監生は、清代で恩監、優監、例監、蔭監の四つに区分されていたが、清末には、さらに挙監という区分が設けられ、蔭監はさらに恩蔭、特蔭、難蔭の三つに区分された。

　恩監生には三つの区分があった。一つは、八旗官学の漢文官学生から試験によって採用された学生である。八旗官学生が国子監に入学するようになったのは乾隆3年（1738年）からである。兼管監事の孫嘉淦が、「旧例では、満州語を学んだ者は筆帖式の試験だけを受け、漢文を学んだ者は文武生員の試験だけを受けていた。しかし今後は、漢文を学ぶ官学生にも経史を重視させてその学識を広げ、3年で試験を受けられる者がいれば、大臣を派遣して

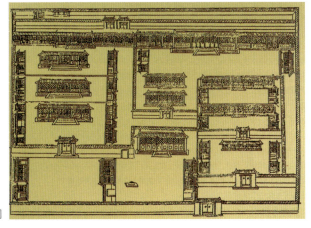

南京国子監の平面図

試験を行うよう奏請し、優秀な者を選んで監生とする」旨を上奏したことにより、以降、3年に1回の募集が行われるようになった。次の一つは、算学館の満州人、漢人の学生から試験によって採用された学生である。算学館の学生は、一般に欽天監の天文生として採用され、在学中に朝廷の恩監試験があれば受験でき、監生に合格した後も科挙試験を受けることができたが、文科挙人に合格した後は、必ず欽天監に戻って奉職する必要があり、博士の候補となった。最後の一つの区分は、皇帝が辟雍に臨幸したとき、または曲阜で孔子の祭祀を行うときに参列させた聖人、賢人の末裔の中から特別に国子監への入学を許可された者である。聖人、賢人の末裔の中で文科生員から国子監に入学したのが恩貢生であり、武生や奉祀生、功名のない者から国子監に入学したのが恩監生であった。聖人、賢人の末裔から恩監生が選ばれるようになったのは清代からで、明代においては、皇帝が幸学する際に参列した聖人、賢人の末裔は国子監で学ぶことができたが、功名のない一族が国子監に入学することはできず、特別に衣冠が授けられるのみであった。

優監生は、直省府、州、県学、それぞれの附生や武生の中から選抜された監生である。順治2年（1645年）、各省の廩生、増生、附生を問わず、学問・人物ともに優れた者を選抜して国子監で学ばせるようになり、選抜された学生は通称優貢と呼ばれた。なお、その人数は、大学（生員の定数が江浙で20名またはそれ以上、その他の省では15名の県学）で2名、小学で1名であった。雍正年間には優貢を分け、廩生と増生が優貢と呼ばれ、附生は優監と呼ばれるようになった。優監は3年に一度の選抜が行われ、各省の学政が3年の任期満了後、総督や巡撫とともに試験によって選抜された者を礼部に推薦し、さらに抜貢のような朝考[12]を経て、文理に通じた者であれば国子監に監生として送られ、学業を怠った者は各省に送り返され処罰された。乾隆4年（1739年）に定員が定められ、大きな省では5〜6名、中程度の省で3〜4名、小さな省では1〜2名とされたが、選抜試験では人数よりも学生の質が重視された。

例監生とは、生員の資格を取得していないが、国に金銭や穀物を上納することによって与えられる功名であり、例監生は国子監に入って学ぶことも、国子監に入らず原籍地に残ったまま学問を続けることもできた。上納の基準に関しては、乾隆年間の戸部における規定では、俊秀（平民）で108両、より身分が低い「青衣」では150両となっており、『国子監則例』の規定では、捐監生で108両、捐貢生で144両とされ、捐監生か捐貢生である者が

---

12 天子自ら課題を授けて行う試験。

平民の場合は252両とされていた。

　蔭監生とは、先祖の官職、功労、名声を頼りに、試験を受けずに国子監への入学資格を得た監生であり、恩蔭、難蔭、特蔭の三つに区分されていた。

　恩蔭生は、恩生、恩監生、恩蔭監生とも呼ばれていた。祝典が執り行われた際に、朝廷は官員に特別な恩恵を施したが、文職京官四品以上、外官三品以上、武職二品以上の者には、その子弟の一人を国子監で学ばせ、その2年後に官吏として採用した。

　難蔭生は、殉職した官員の子孫に対する優遇制度として選抜された学生である。順治4年（1647年）には、陝西省固原道副使の呂鳴夏が殉難した際、その子弟の一人が国子監で学ぶことができるようになった。順治9年には、満漢三品以上の官員で、3年間の任期が満了し、国事において殉じた者がいれば、その子弟の一人が国子監で学ぶことができると定められた。その後、三司首領、州・県佐弐官（補佐官）の殉職者の子弟にまでその制度は拡大されたが、こうして選ばれた監生は難蔭生と呼ばれた。

　特蔭生には二つの区分があった。一つは、朝廷からの許可によって直接国子監に入学した聖人、賢人の末裔であり、もう一つは、長年の功労が認められた内外大臣に対し、その子弟の一人を特別に国子監に入学させた者たちである。

　挙監とは、会試に落ちた挙人から優秀な者を選び、国子監で学ばせ再度受験させた学生をいい、光緒11年（1885年）に始まった。

　蔭監生とは、恩沢を広く施した者の関係者の場合は24か月、殉職者の関

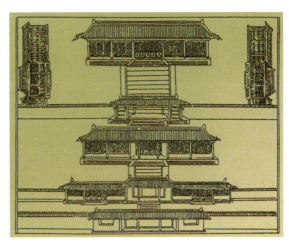

正黄旗官学図

係者の場合は6か月、国子監で学んだ後に、吏部に送られ任用された学生である。

官学生とは八旗官学の学生をいい、八旗が本旗の中から優秀な子弟を選んで国子監に送り、国子監の官吏が18歳以下の者を選び候補としてその名を記した。学生の定員については、雍正5年（1727年）に各旗100名と定められ、うち満州人からは60名、モンゴル人と漢軍からはそれぞれ20名とされていた。鑲白旗など下五旗では、包衣（家奴）の学生にも10名の定員が設けられ、内訳は満州人6名、モンゴル人2名、漢軍2名であった。官学生のうち、在学3年かつ20歳に達した者は、国子監の奏請により派遣された欽点大臣の審査を経て、優れた者には監生の資格が与えられ、国子監で学ぶことができた。

算学生の定員は36名と定められ、うち満州人12名、漢人12名、モンゴル人と漢軍がそれぞれ6名であった。算学生も官学生同様、試験によって監生の資格を得ることができた。

■ **外国人留学生**

清代、国子監には琉球とロシアからの留学生がいた。

琉球（現：日本沖縄県）は、明代元年から日本が沖縄県を置く清代光緒5年（1878年）まで、歴代国王がすべて中国皇帝の冊封を受け、中国の正朔を奉じ、中国の属国として扱われていた。明代洪武25年（1392年）に琉球から最初の留学生が派遣され、彼らは南京国子監で学んでいたが、嘉靖5年（1526年）以降は北京国子監で学ぶようになった。清代康熙23年

琉球からの留学生。福州から上陸していた

（1684年）、冊封使の汪楫らが琉球から帰国し、琉球国王による留学生受入れの要請を康熙帝に伝え、許可を得ると、その4年後に梁成楫ら4名の留学生が国子監にやってきた。康熙帝は礼部に「適切に配置せよ」と特段の指示を行った。国子監は主管として博士1名を、教習として正途の監生1名を送るとともに、祭酒や司業も時折視察を行うようにした。琉球からの留学生は、一般には3年の留学を終えて帰国したが、琉球はすぐ次の留学生を送った。一度に送られる留学生は通常4名であったが、3名の場合もあった。

雍正6年（1728年）、ロシアは中国側へ留学生受入れを要請し、雍正帝の許しを得ると、同年、ルカー、ミハエラらが留学生として訪中した。雍正帝は旧会同館にロシア学を設置するよう命じるとともに、王公大臣が推薦する助教を朝見させ、自ら教師を選び、満州人助教の胡什図と漢人助教の陳献祖をロシア人留学生の専管として送った。ロシア人留学生の生活は理藩院が担当して衣類や金銭を支給し、教育は国子監が担当した。乾隆6年（1741年）、ロシアは満州語と漢語を学ぶ留学生を再び派遣したが、国子監はそれまで同様、満州人、漢人の助教を派遣し教育を担当させた。

■ 学生の入学

貢生や監生は、推薦だけでは国子監に入学することができず、資格試験を国子監において受けなければならなかった。1次試験は考到と呼ばれ、1等、2等の成績を収めた者だけが2次試験を受けることができ、2次試験で1等、2等の成績を収めた貢生、および1等の成績を収めた監生だけが国子監に入学することができた。高齢の者、体力の衰えがある者、成績が平凡な者は故郷に戻された。

■ 学生の待遇

国子監内に居住する内班生には、生活補助金として、毎月一人あたり銀2両5銭が支給され、11月と12月には暖房費として銀5銭が追加された。国子監外に居住する外班生には、衣類への補助金として、一人あたり銀5銭が支給されたが、毎月15日に六堂教官が一人ひとりの名前を呼んで渡すもので、その場を無断で欠席した者には支給されなかった。八旗官学の満州人学生とモンゴル人官学生には毎月一人あたり銀1両5銭が、漢軍学生には毎月一人あたり銀1両が本旗から支給された。算学館の漢人学生には毎月一人あたり銀1両5銭が国子監行文戸部から支給され、満州、モンゴル、漢軍学生には毎月一人あたり銀1両5銭が本旗から支給された。琉球官学生には現物支給制が適用され、毎日一人あたり、白米2升、豚肉2斤、鶏

二の門の脇門と倒座

1羽、野菜1斤、豆腐1斤、石炭15斤、炭5斤が支給され、冬季はさらに暖房用の炭7斤が追加支給された。その他、毎月の筆墨紙の費用として銀1両5銭が、毎年の冬と夏に衣類や布団などの生活用品が支給された。また、随行員には、毎日一人あたり白米1升、豚肉1斤、野菜10両が工部から支給された。ロシア学館の学生には、毎日一人あたり銀1銭、随行員には毎日一人あたり銀5分が、理藩院から支給された。

■ 学生の管理

　清代初期、国子監は4条からなる次のような監規を制定していた。第1条は、累計点数法の導入についてである。「監生に考到を受けさせ、成績優秀な者には得点を与える。この累計点数の有効期間は1年間とする。授業のほかに、毎月試験を1回行い、成績一等の者には1点を、2等の者には0.5点を与えるが、それ以下には点数を与えない。経史に精通し鍾繇や王羲之の書法の模写に長けている者には、文章が不合格であっても1点を与え、期間内に8点を越えた者を合格とする。合格者は毎年10人を上限として吏部に送り、任期が満了したところで、貢生とともに廷試を受けることを許可する」。すなわち、1年間を通して優秀な成績を収めた監生には、廷試に参加して官職が授ける道が用意されていたのである。しかし残念なことに、この制度は順治17年（1660年）に廃止された。第2条は、国子監における修学期間についてである。貢生や監生のうち、廩生は14か月、増生と附生は16か月、功名のない者は24か月を修学年数の上限とした。この修学期間を定めたことは新しい試みであった。明代には監生に対する修学年数の規

定がなかったため、10年以上も在学していた学生が少なくなかったからである。第3条は、実務期間制度の実施についてである。国子監の学生は修学年数を満たすと、衙門に送られ実習を行った。政務の処理を学んで1年後に政体に通じるようになると、内院廷試に送られ、恩貢や歳貢とともに試験を受け官職を授けられた。しかし、この制度は康熙元年（1662年）に廃止された。第4条は、補習制度の実施についてである。修学期間中に何かの理由で休みを取った学生は、休暇終了後に補習を受けなければならなかった。申請した休暇期間を超過した場合は、超過した時間の倍の時間の補習を受けなければならず、休暇を申請せずに無断で休んだ者は直ちに退学させられた。

　乾隆3年（1738年）になると、国子監の学生管理に関する規律はより厳しいものとなった。孫嘉淦の上奏により、「慎収録、稽去来、定課程、核勤惰、厳考課、定勧懲」の6条からなる国子監規定が制定された。

　「慎収録」とは、学生の選考を慎重に行うということである。国子監は、新たに入学させる貢生や監生に対し、文章、人柄、年齢の三つの面から総合的に判断し、優秀な者を選考した。すなわち、国子監に来た貢生や監生に、縄愆庁による試験を受けさせ、文章に優れ、若く健康で、人格的に優れた者を入学させ、高齢で体力の衰えがあり、文章力の劣っている者は選考から落とされ、再度試験を受けることは許されなかった。また、解答を書いた紙片を試験場へ持ち込んだり、他学生に手渡ししたりするなどの不正行為を行った者や、面接に参加しなかった者は、除名されるとともに厳しく罰せられた。

　「稽去来」とは、休暇期間の申請と報告における届け出制度を厳しくすることである。貢生や監生は休暇を取る際、そして休暇が終わって戻る際に、縄愆庁に一筆書いて届け出をしなければならないとした。届け出は、毎月縄愆庁から祭酒に報告された。休暇明けに縄愆庁に届け出をせず、堂上官に報告しただけの者には、月に朱墨、紙筆用として支給される銀を支給しなかった。また、休暇届を提出せず、無断で休んだ者は、国子監の門を再びくぐることはできなかった。

　「定課程」とは、学問分野および学習方法を明確にするということである。国子監は宋代の胡瑗による方法を倣って、学問分野を経義と治事の二つに分けた。すなわち、「経義は御纂経書を主とし、諸家の教え全般にも及ぶ。治事は、兵、刑、天官、河渠、楽律などを学問の対象とするが、いずれもその源流にまで遡って学習し、その限界と可能性を見極めるようにする」（『欽定

大清会典・国子監』）である。学習方法については、学生自らが学ぶべき内容を選び、それを日割りにして勉強するとともに学習ノートを書いた。3日に1回本堂の教官が添削を行い、毎月1日と15日には管理監事大臣、祭酒、司業がその優劣を評価した。この学習方法は自習を中心とし、教官による講義は行われなかった。

　「核勤惰」とは、学生に対する総合評価の仕組みを強化するということである。学生の成績、学習姿勢、規律の遵守の状況を毎月1回審査し、その結果を元に全体的評価を年末に行った。毎月の審査結果は、勤と惰および功と過で評価された。「内班の諸生のうち、日々規条を遵守し、日々号舎で学習に努め、箚記や質問を積極的に行い、拝廟や講義に休まず参加した者には『勤』の評価を与える。複数回休暇を取り、箚記を怠り、付和雷同や盗作をし、言い訳ばかりの責任逃れをし、理由もなく拝廟や講義を欠席する者には『惰』の評価を与える」（『欽定国子監志・考課』）、「礼節に習熟し、考課で何度も良い成績を収め、箚記や経義に明るい者は『功』と評価する」、「礼節を守らず、考課で複数回低い成績しか得られず、箚記や経義の学習を怠ける者は『過』と評価する」（『欽定国子監則例・六堂』）。審査結果は助教が確認した後、堂上官に報告するとともに、縄愆庁に記録として残された。年末には毎月の審査結果が取りまとめられ、学生の学業や人物が総合的に評価され、1等、2等、3等、附3等に分けられた。附3等の者には訓戒を行い、その後も改善が見られなければ退学が命じられた。

辟雍の池と欄干

「厳考課」とは、学生の試験逃れを毎月支給する銀の減額によって制止するということである。病気などやむを得ない理由により月課や季考に参加できない学生は、事前に本堂教官に報告することとされ、その場合には縄愆庁に記録はされるが、その月の銀は支給された。無断で月課や季考に参加しなかった学生には、その月の銀が支給されず、無断で本堂教官の考課を受けなかった者は、堂上官に報告され、翌月の銀が支給されなかった。

　「定勧懲」とは、賞罰制度を徹底するということである。人物、学業ともに優れている者については奨励し、試験で複数回優秀な成績を収め、箚記に独創性がある者については記録に残した。そして卒業時に、その中から人物、学業ともに優れている者1、2名を推薦し、さらに3年間国子監で勉強させ、その結果により再度推薦を得られた者に無試験で知県の任を与えた。一方、規律に違反した者に対しては懲罰を与えた。酒を飲んで騒いだり、流言を流布して事を起こしたり、教師や目上の者に対し無礼を働いた者は、普段の功績を問わず直ちに処罰した。規律を守らず、たびたび違反が認められ、しかも3か月経っても状況が改善されない者は退学を命じられた。

　乾隆4年（1739年）、南学の建物が完成すると、管理監事大臣の趙国麟は『南学条規』を制定し、学生に対する管理を強化した。強化された点として、第1に、諸生の出入りを厳しく管理したことである。助教などが交代で諸生の出入りを監視し、理由書を提出し、承認された場合に出入りが許可された。毎回月末に出入りの記録がまとめられ、監丞が管理監事大臣、祭酒、司業に報告し監査を受けた。規則を守らず、勝手に出入りし、講義の欠席を繰り返す者は強制的に退学させられ、本堂学官の目を盗んで出入りをした者は重罪として記録された。第2に、教課も実践を優先したことである。うわべを飾るだけで、実践しない者は退学させられ、学官を騙した者は重罪として記録にとどめられた。第3に、考課の出題内容を定めたことである。試験問題に、四書題1問、五経題1問、治事策題1問が新たに追加された。

■ 学生の進路

　国子監貢生や監生が望む進路は、当然仕官することにあったが、仕官する道には次の三つの方法があった。第1は試験なしで仕官する道、第2は試験に合格して仕官する道、第3は郷試に合格して挙人や進士になってから仕官する道である。

　一般に、貢生や監生は、「3年間の修学期間を満たすと、教職に就くことができる。証明書が授与され、故郷へ戻って官吏候補となる」とされた。3

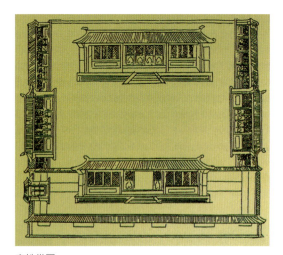

率性堂図

年間の修学期間を満たし優秀と認められた者は推薦を受け、国子監でさらに3年間勉強した後、面接試験を奏請し、合格すると知県に登用されるという道もあったが、この方法で仕官できる可能性は低く、通常は毎回1人程度であった。そのほか満州人、モンゴル人の恩、抜、副貢生は、3年間の修学期間を満たすと、無試験で七品筆帖式になることができた。一方、漢人の恩、抜、副貢生は教諭として、歳、優、廩貢生は訓導として、諸部が偶数月に採用したが、捐納貢生や監生については、諸部が官職を授けることはできなかった。漢軍貢生は、雲南、貴州、四川、広州の州県佐弐官に登用された。国子監の3年間は官職候補となっただけであり、欠員が出るまで仕官できず、実際に官職に就くまで20、30年待つのが普通であった。とは言え、高官子弟の蔭生は、仕官において優遇され、「一品官の蔭生には尚書を与え、員外郎として用い、二品官の蔭生には侍郎を与え、主事として用いる。尚書は総督に匹敵し、侍郎は巡撫に匹敵する」とされた。すなわち、彼らは故郷に戻り仕官する機会を待つ必要がないだけでなく、朝廷内ですぐに中級、下級官員に就くことができ、ときには皇帝の命によって中央部門に配属されることもあり、官職に空席がない場合には具体的職務を担当しなくても俸給が与えられたわけである。試験を経ずに直接仕官するためのもう一つの方法は、武英殿で校録を担当し、『四庫全書』の抄録を無給で行うことであった。国子監は、書法に秀でた貢生、監生を選び、5年間無給で職務を全うさせ、その後、仕事ぶりが認められた者を相応しい官職に登用した。

　試験に合格して仕官する道は、順治元年（1644年）に始まった。人材確保が急務となった朝廷は、国子監での修学経験がない貢生も試験の結果で官職に就かせた。順治2年、「各省貢生の国子監での修学を免じ、毎年4月

15日に実施する廷試の結果によって直接官職を授ける」という命が発せられ、合格者には高位の官職が授けられた。なお、廷試の結果が上巻に記された者は知州として、上次巻に記された者は推官、知県として、中巻に記された者は州判、県丞、教職として登用された。また、朝廷は必要に応じ、随時国子監の貢生や監生から、試験によって「中書」を選抜した。順治11年(1654年)、「考職」に改められ、給事中の職にある孫柏齢の上奏により、国子監の修学期間が満了した貢生は、「吏部が内院と礼部との共同で行う試験結果によって、官職を決め」、「歳貢の中で教職を希望する者には、吏部が内院と共同で行う廷試を受けさせる」とされた。順治14年、廷試の結果が上巻に記された者は知県として、中巻に記された者は州同、州判、県丞として登用された。康熙年間以降になると授けられる官職は次第に低いものになり、康熙元年(1662年)には、「考職」を経た貢生や監生は州同、州判、県丞として登用すると定められ、乾隆元年(1736年)には、職に就いたことがない恩、抜、副貢生の中で成績が1等の者は州同として、2等の者は州判として、3等の者は県丞として登用、歳貢生の1等の者は主簿として、2等の者は吏目として登用された。また、乾隆7年には、修学期間を満たした監生の考職は主簿、吏目に限られ、それも考職年貢の順に選抜されるものと規

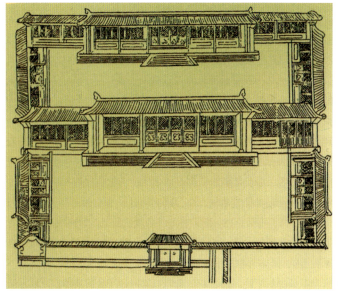

修道堂図

定された。考職は、当初は1年に1回行われたが、乾隆3年に3年に1回へと変更され、乾隆56年には考職による官員候補が多すぎたためにしばらく中止となり、官員に不足が生じた時に再開すると定められた。しかしその後は、嘉慶5年（1800年）に1回行われたのみであった。

　満州人、モンゴル人の貢生、監生は、八旗七品や八品筆帖式、内閣帖写中書、蒙古新設外郎、太常寺読祝官、賛礼郎、鴻臚寺鳴賛、各館の翻訳や清字謄録への採用試験を受けることが許可され、5年の年限を満たせばそれぞれの品級に合わせて筆帖式に採用された。正途の貢生は、試験を受けて順天府学の満州訓導に就くこともできた。

　漢族の恩、抜、副貢生は、各館の謄録試験を受けることを許可され、5年の年限を満たせば官職が与えられたが、官職に就いていた者や考職の者は本職でそのまま正式採用され、それ以外の者は、くじ引きによって州同、州判、県丞に採用され、諸部で学ぶ正途貢生はこれまでと変わらず教職として採用された。歳貢、優貢、捐納貢生、捐納監生は主簿や吏目として用いられ、捐納によって官職を申請した貢生、監生は本班制度に沿って採用された。国子監での修学期間を満了する前に中式挙人になった者は、知県として用いられた。正途の貢生は、翰林院の文書や公文書を司る孔目の試験を受けることもできた。

　歳貢、恩貢、抜貢、副貢、優貢の中で、教職や州県佐弐の官職を望む者がいれば、吏部に送ってクラス分けをし、郷試が行われる年に援例貢生や監生とともに考職を受けさせた。貢生に対する官職の授け方も異なっていた。抜貢の朝考合格者は、優秀な者から順に等級を与えられ、京官、知県、教職の官職が授けられた。優貢は廷試を受け、知県、教職に就くことができた。例貢は試験を経ないため正途出身とは言えず、学業修了後は州県佐弐官、または京城光禄寺や上林苑などの小官にしか就けなかった。

　監生については、国子監で学んでいない者も含め、皆考職を受けることができ、国子監で学んだ監生には修学期間の規定があった。康熙56年（1717年）には次のように定められていた。すなわち、廩生副貢、恩貢生は6か月、増生、附生副貢、歳貢生は8か月、抜貢、捐貢のうち廩生は14か月、増生、附生は16か月、俊秀捐納貢生と四品蔭監生は24か月、俊秀捐納監生は36か月（いずれも閏月を含む）の修学期間を満たしてからでないと考職を受けられなかったが、皇帝が恩を加えた恩科だけがこの修学期間を問われなかった。試験は、吏部の上奏により派遣された大臣が主宰し、試

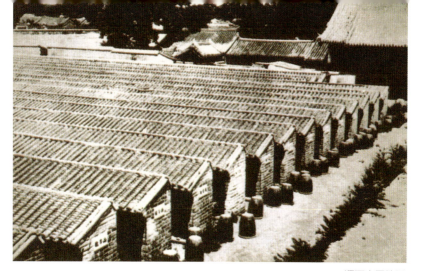

順天府貢院図

験内容は四書題 1 問、判題 1 問で、皇帝が出題した。恩、抜、副貢生のうち、試験の成績が 1 等の者は州同として、2 等の者は州判として、3 等の者は県丞として用いられた。歳、優貢生、および捐納貢生、捐納監生の中で、1 等の者は県主簿に、2 等の者は吏目にしか就けなかった。考職は資格を得ただけであり、官職に空きが出てから成績順に登用された。

　試験を経ない者は教職にしか就けず、考職は州県佐弐小官にしか就くことができなかった。優秀な貢生や監生はこれに満足せず科挙の道を選び、挙人から進士へと進み、高い官職に就いた。

　清代において、監生は特別待遇で科挙を受けることができた。郷試を故郷で受験することも、都において順天府郷試を受けることもでき、故郷で受験した場合は国子監に与えられた定員としてカウントされなかった。順治 2 年（1645 年）、全国の挙人定員が初めて定められ、1,438 名となったが、うち国子監には 86 名が割り当てられ、全体の 6% を占めていた。その後、増減はあったものの、大体 100 名ほどで推移し、皇帝の幸学があった際には特別に増員することもあった。例えば、順治 9 年、皇帝による視学の後、本科国子監郷試の募集定員は 15 名増やされ、康熙 8 年（1669 年）には 8 名、雍正元年（1723 年）、乾隆 3 年（1738 年）には 18 名、嘉慶元年（1796 年）には 20 名が増やされるなどした。

　国子監で学ぶ貢生、監生が順天府郷試を受けるには、まず録科試験を受ける必要があった。国子監は、4 月の中頃に国子監の正途（恩、抜、副、歳、

優)の貢生や監生に対し、録科試験を実施し、5月には国子監の正途の未補班と複班の貢生、監生、随課の貢生、監生、八旗正途の貢生、監生、武英殿校録、各官学の教習に対し、録科試験を実施した。そして最後に、功名がないが捐納によって国子監に入った貢生、監生、そして未補班、複班、随課の諸生、さらには八旗の貢生、監生に対し、録科試験を実施した。郷試は、国子監における修学年数を問わず、入学したばかりの者でも受けることができた。ただし、貢生や監生が理由なく受験しないことは許されず、「郷試のある年に、録科試験を受験しない者は志のない者であり、退学を命じる」とされ、郷試を受けない学生は国子監から除名された。

　順天府郷試において、八旗の貢生、監生、および生員からは34名を採り、受験枠には満州人、モンゴル人の「満」字号、漢軍の「合」字号があった。奉天、直隷、山東、河南、山西、陝西の6省からは合計39名を採り、「北皿」字号、北巻とされた。江南、江西、福建、浙江、湖広、広東の6省からも合計39名を採り、「南皿」字号、南巻とされた。四川、広西、貴州は、「中皿」字号、中巻とされたが、僻地受験者への優遇策として、中巻には定員を設けず、受験生15名に対して1名を採ると決められた。もし剰余が8名を超えれば合格者を1名増やし、受験者の合計が15名に満たなければ中巻を作らず、南巻枠内で受験させた。その他、官員子弟を対象とする「官」字号があったが、「官」字号も「皿」字号同様、南巻、北巻、中巻に分けられた。しかし、その定員は少なく、南巻は2名、北巻と中巻は受験者15名ごとに1名を採り、15名に満たない場合は民間試験を受けさせた。国子監の挙人の定員は、主に国子監諸生を対象とした。

東側三堂の外観

国子監の教育

　国子監では、儒学を教育の中心に据えていた。明代初期には、算術、書法、律令、礼儀、習射、音楽などの講義もあったが、やがて「律令は常に講ずるものではなく、書法も文章を書いて学ぶものである。算術に至っては、もはや設けるまでもない」(明『太学志』巻七)とされた。清代になると、国子監の教育の中心は完全に科挙試験に向けたものに変わり、科挙のための予備校となった。

■ 国子監における学習内容

　国子監では主に「四書」、「五経」、『性理大全』、『資治通鑑』を学習内容とし、学生は各自の能力に応じて、十三経や二十一史を学ぶこともできた。六堂で用いられた教科書には、『御纂周易折中』、『御纂性理精義』、『欽定春秋伝説匯纂』、『聖諭広訓』、『欽定詩経伝説匯纂』、『欽定書経伝説匯纂』、『欽定四書文』、『味余書室全集』、『御制詩初集』、『養正書屋全集』、『五経旁訓』、『周易観象』、『周易通論』、『詩所』、『陸子四書大全』、『四書解義』、『孝経注疏』、『爾雅注疏』、『解義三種』、『全注詩韻』、『刪注詩韻』、『資治通鑑綱目』、『国学礼楽録』、『韓子粋言』、『張子正蒙』、『古文雅正』、『名文前選』、『程墨前選』、『易義前選』、『榕村蔵稿』、『榕村講授』など30種類以上があった。乾隆元年、国子監は胡瑗による教授法を採用し、教育内容を経義と治事に分け、「成均の教育は、経義と治事に分け、諸生を教える。経義は御撰経説を中心とし、諸家の教え全般も対象とする。治事は、兵、刑、天官、河渠、楽律などを学問の対象とするが、いずれもその源流にまで遡って学習し、その限界と可能性を見極めるようにする」(『欽定大清会典・国子監』)とした。ただし、主に自習を中心とするもので、教師による体系的な講義は行われなかった。さらに、学生の多くは仕官することを目的としていたため、科挙試験と考職試験の準備に忙殺され、試験以外の内容を学ぼうとする者は少なか

った。

■ 国子監の教師

　国子監には教師として、祭酒、司業、博士、助教、学正、学録が置かれ、八旗官学、琉球学館には教習も配置されていた。

　祭酒と司業は、国子監における日常業務の主管であるが、自らが授業を行うこともあった。祭酒は毎月1日と15日に「四書」を講義し、司業は「四書」以外に理学家の著作も講義した。

　博士は、国子監の授業の主力を担った。明代では博士を五経各書に1名、計5名を配置し、清代では満、漢それぞれ1名ずつ配置し、その官階は従七品であった。明代の博士は「経書ごとに講義をし、時折考課を行った」が、清代の博士については、史書によって記述が異なる。『大清会典・国子監』では、「博士は経書の解説を行い、それを以て啓発を助け、朔望には諸経を会講する」となっており、『清史稿・職官志』では、「博士は経書ごとに講義をし、程文の試験を行い、助教、学正、学録とともに南学の業務を管理する」となっている。「経書ごとに講義」をしたというのは、恐らく誤りであろう。清代の博士は満州人、漢人それぞれ1名しかいなかったため、経書ごとに講義することは不可能と思われるからである。ただし、博士が経書の講義をしていたことは間違いないだろう。

　博士の下には、助教、学正、学録が配置され、八旗官学と琉球学館には教習も設けられていた。

　助教は、明代には六堂に計15名配置され、清代には六堂に各1名、八旗官学に満州人2名、モンゴル人1名、さらに算学に1名、計31名配置された。官階は、当初、従八品に位置付けられていたが、乾隆元年（1736年）に従七品に格上げされた。六堂の漢人助教は本堂の学生を教え、毎月5日に講義を行っていたが、講義と試験を行うほかに、学生の自習の指導や質問に答えたり、学生の生活を管理したりと、現在の担任教師的な役割を担っていた。八旗官学の満州人助教は満州人と漢軍の子弟を教え、モンゴル人助教はモンゴル人の子弟を教え、算学助教は算学を担当した。

　学正については、明代は計10名、清代の順治元年（1644年）には漢人12名を設けたが、康熙38年（1699年）に6名削減し、同56年（1717年）にさらに2名を削減したので4名だけになった。それぞれ率性堂、修道堂、誠心堂、正義堂の四堂（『清史稿』には六堂に各1名となっているが、これは誤りである）を管理し、助教と協力して本堂学生を受け持ち、毎月下

旬に授業を行った。その官階は正八品であった。

　学録は、明代には7名、清代の順治元年には漢人6名が各学堂に1名ずつ配置されていたが、同15年には4名削減されたので2名だけになり、崇志堂、広業堂の二堂を担当した（『清史稿』には六堂に各1名と記されているが、これは誤りである）。助教と協力して本堂学生を受け持ち、毎月下旬に授業を行っていた。その官階は正八品であった。

　教習は、八旗官学と算学に配置されていたが、その人数は八旗官学に56名、算学に3名であった。八旗官学は各学堂に、満館1、モンゴル館1、漢館4の計6館置かれ、教習は満州人1名、モンゴル人1名、漢人4名が配置されるとともに、弓術教習が1名置かれていた。満州人教習は満州語翻訳を教え、漢人教習は漢語による経書、文芸を教え、モンゴル人教習はモンゴル人の学生にモンゴル語翻訳を教え、弓術教習は学生に騎射を教えた。

崇志堂

■国子監における学習法

　国子監では学生を六堂に分けて学ばせ、各堂をさらに内と外の2班に分け、内班は寮生、外班は通学生とした。内訳は内班25名、外班20名で、各堂に助教1名、学正または学録1名を配置し、教育と管理を担当させた。

■国子監における教授法

　国子監の教育は試験対策の趣が強く、教授法は講義、自習、考課の3種類があった。

　講義とは、毎月4回行われた授業をいう。1日と15日に孔子廟で釈菜礼や行香を行った後、博士庁に学生を集合させ、祭酒、司業、博士による「四書」および性理諸書の講義が行われた。また、毎月上旬および望月の翌日には、助教、学正、学録による講義が行われた。学生は講義の内容をしっかり憶え、理解しなければならず、講義から3日経つと同じ内容を再度講義する復講が行われた。この復講の前に、博士庁は講義内容に関する題目を竹串に書き、学生に引き抜かせた竹串の題目について解説させ、「よく理解していた者は奨励し、理解度が不十分な者は訓練をした」という。

　自習とは、学生が経義あるいは治事を自らの興味に従って選択し履修することで、学習記録帳を書き留めておく必要があった。その記録は、内班の学生は3日に1回、外班の学生は15日に1回提出し、各堂の助教が添削した。その他にも毎日晋代唐代の名帖100字を模写し、八股文を3日で1篇読まなければならなかった。読書、習字の結果はすべて日課記録帳に記入することになっており、10日ごとに助教の検査を受け、月の1日と15日には博士の検査を受けた。

　考課とは、試験のことである。国子監は官吏養成の最高学府であり、中国は隋代以降、試験を中心とした官吏選抜制度を実施してきた。国子監の学生の多くは文化的素養を有する知識人であったため、試験対策を施すことによって受験に対する能力が飛躍的に高められたのである。考課は国子監において中心的な教育方法で、考課には、大課、月課、堂課、小課、季考と名付けられた5種類があった。

　大課は毎月1回、望日[13]に行われ、兼管監事大臣、祭酒、司業が交代で出題し、試験内容は「四書」題1問、五言八韻詩題1問であった。大課は最も厳しい試験とされ、専門員が点呼、巡回、監督、答案の回収などを行い、学生は朝に試験会場に入り、夕方に答案用紙を提出し、食事が提供された。試験の成績は4等級に分けられ、優れた者は一等に列せられ、一等の第1

13 陰暦15日。

位に銀1両、第2位と第3位に銀8銭、第4位と第5位に銀6銭、第6位から第10位に銀5銭、第11位から二等の第1位に銀3銭を与え、二等の第2位以下には賞金は与えられなかった。最下位は附三等で、その月の学習時間が認定されず、その後附三等に3回入った者は退学させられた。試験成績は縄愆庁が掲示板に公表し、大課を3回受けなかった者は除名された。

月課は毎月1回、1日に試験が行われ、博士庁が出題した。試験内容は、「五経」題1問、策題または論題1問であった。

堂課は毎月2回行われ、3日に助教が、18日に学正と学録が出題した。試験内容は「四書」題1問、詩題1問、「五経」題または策題1問が出された。内班学生の試験は大課同様、朝に試験用紙を受け取り、夕方に提出した。採点後、成績は博士庁を通じ堂上官に提出され、試験を欠席した者は処分対象者として記録された。この堂課を3回受けなかった者も除名処分とされた。

小課は毎月3回行われ、試験問題は持ち帰って解答することができたが、期限内の提出が義務付けられていた。

季考は3か月に1回行われたが、祭酒と司業が交代で出題し、試験内容は「四書」題または「五経」題1問、そして詔題、誥題、表題、策題、論題、判題の中から1問出された。

小課以外の試験は、基本的にすべての内班の学生がその場で解答、提出しなければならなかったが、堂課については、外班の学生は試験用紙を持ち帰ることもでき、3日後に提出した。

清代における国子監は官吏養成の最高学府であ

日時計。古代は上面の陰影で時間を定めていた

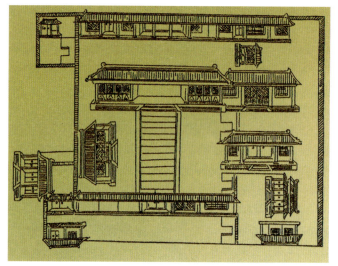

鑲藍旗官学図

り、試験対策とともに、基本的な知識の習得と技能の訓練に重きを置いた教育が行われていた。講義と考課の主な内容は、科挙試験、そして官員になってから必要となる八股文と「表、策、論、判」、さらには翰林官員に必要な「詔、誥」などの文章の作成や書法の訓練であったため、教育の進め方は単純であった。新入生であっても在学期間が長い者であっても同じ内容、同じ方法で学び、教育コースに高低はなく、順を追って一歩ずつ学習内容を深めていくということもなかった。これでは明代と比べると後退していると言わざるを得ない。

明代においては、六堂に上下の区別があり、「『四書』に通じているが経書に通じていない者は、正義堂、崇志堂、広業堂で学び、1年半以上経って文章に通じるようになった者は修道堂、誠心堂への進級を許可する。そこで1年半以上学び、経史にも通じ、文章もともに優れている者は率性堂へ進級することができる」とされ、学生に順を追って学習を進めさせることによって、優秀な人材の育成を目標としていた。

■ 監生の修学期間

順治元年（1644年）、朝廷は人材獲得が急務となり、貢生は国子監での勉強を経ずに試験によって直接仕官することができるようになった。順治11年には、監生に対する教育制度が復活し、修学期間が難蔭生6か月、廩生貢監14か月、増生、附生16か月、俊秀24か月とされたが、雍正5年

（1727年）にはすべて36か月に統一された。監生は国子監での修学期間を満了しなくても考職試験を受けることができ、恩貢は6か月、歳貢は8か月、副貢の廩生は6か月、増生と附生は8か月、抜貢の廩生は14か月、増生と附生は16か月、恩蔭は24か月、難蔭は6か月、例貢の廩生は14か月、増生と附生は16か月、例監は36か月修学すれば、すべて考職試験を受けることができ、成績優秀者は早期に国子監を終え仕官することができた。

■ **八旗官学の教育**

八旗官学には、それぞれ満州人学生60名、モンゴル人学生20名、漢軍学生20名がおり、さらに下五旗（正紅、鑲紅、正藍、鑲藍、鑲白）では、包衣（家奴）学生10名を受け入れていたため、八旗官学には合計で850名の学生がいた。皆、各旗の中から選ばれた10歳から18歳までの聡明な子供たちであった。

八旗官学の教育は本旗官学内で重点的に行われた。というのも、八旗官学の学力水準は監生より遙かに劣っていたため、教育面や管理面において国子監より厳しい対応が必要だったからである。学生は毎日通学し、「端午の節句からは学校は卯の刻に始まり未の刻に終わる。中秋節からは辰の刻に始まり申の刻に終わる」のであった。用事があるときは休暇を願い出ることができるが、まず教習に報告し、次に助教の許可をもらわなければならなかった。

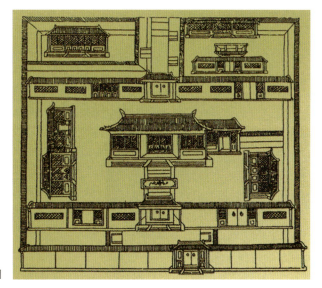

正紅旗官学図

病気で1か月以上休むと金銭や食糧の支給が停止され、3か月以上になると除籍扱いとなった。学生は学校に来ると、まず出席簿に記入してから授業を受けた。入学して最初の3年間は経書を学ぶが、その後、堂上官による試験を受け、聡明で漢文を学ぶ意思表示した者は漢文班に配属され、年長者で翻訳を学ぶ意思表示をした者は満州語班、あるいはモンゴル語班に配属された。満館では満州語の翻訳が、蒙館ではモンゴル語の翻訳が、漢館では経書や作文が教えられ、カリキュラムには、講義、暗唱、解説、復講、習字、書き取り、弓術などがあり、13歳以上の学生は歩射を学び、16歳以上は騎射を学んだ。すべての授業において、教習は毎日学生に学習記録を書かせ、その学習記録は助教に提出され、季節ごとに国子監の堂上官に送られた。教習は3と8がつく日に試験を実施し、満州語やモンゴル語を学ぶ学生には翻訳試験を、漢語を学ぶ学生には漢文試験を行い、採点後、教習が学生と対面して教えた。助教は毎月1回会課試験を実施し、漢館では文芸試験を、満館と蒙館では翻訳試験を行い、その他歩射と騎射の試験も行った。

八旗官学の春季と秋季の試験は国子監で行われた。試験に先立ち、八旗官学の学生は二つの班に分けられ、東四学の班が漢文や翻訳の試験を行っているとき、西四学の班は歩射や騎射の試験を行うというように、交互に試験が実施された。漢文や翻訳の試験が行われる日、学生は早朝、彝倫堂のバルコニーに集まり、助教が点呼、試験用紙の配布、番号振りを行い、堂上委員がそれぞれ見回り、監督などを担当した。漢文の試験は「四書」題1問、五言

射圃へとつながる退省門

東側三堂

　長律六韻詩題1問、翻訳の試験は論述1問、翻訳1問で、いずれも夕方に答案用紙が回収された。満州人、モンゴル人の堂上官が翻訳試験の答案を、漢人の堂上官が漢文試験の答案を採点し成績がつけられた。成績優秀者には賞が与えられ、成績下位者は直接叱責された。歩射や騎射の試験では、学生が朝、弓射場に集まり、漢文や翻訳試験の点呼が終わると、堂上官がそちらに行き直接試験を実施した。助教による点呼が終わると、まず歩射試験、次に騎射試験が行われ、堂上官が優劣を評価し賞罰を与えた。春季と秋季の試験は少々の理由では休むことを許されず、病気の学生は事前に助教に報告し、回復してから追試を受けた。八旗官学で10年間学んでも官職に就けない学生は本旗に戻され、臨時の官職を与えられた。

　八旗官学の修学期間は一般に10年間とされ、満州語を学んだ者は筆帖式や庫使、あるいは各館の翻訳係や浄書係などの小官吏になり、漢文を学んだ者は文武生員になれたが、10年以内に上記の官吏や生員になれなかった者は、本旗に戻って他の官職に就かなければならなかった。文生員や翻訳生員になった者はさらに10年間学ぶことができ、副榜、抜貢、優貢になることができたが、その後、さらに10年間学ぶこともできた。しかし、挙人になった後は、仕官することはできるが、官学でさらに学ぶことはできなかった。乾隆3年（1738年）からは、孫嘉淦の上奏により、成績優秀な八旗官学生は、試験に合格すれば国子監の恩監生になれるようになり、その試験は3年に一度行われた。

図説国子監

国子監の儀式

　国子監の主たる活動はもちろん教育であったが、国の最高教育機関、最高学府として、教育以外の活動も行われていた。国子監も学校に孔子廟を付設するという礼制を採用していたため、中心となる儀式は孔子の祭祀であり、次いで皇帝が辟雍を訪れる際の儀式および新しい進士の釈褐[14]の儀式であった。孔子の祭祀は孔子廟で行われたので、国子監で行われた儀式として、辟雍の儀および釈褐の儀のみを以下に紹介する。

■ **辟雍の儀**

　皇帝は「尊師重道」を重んじていることを示すために、自ら国子監孔子廟を訪れて祭祀を行い、その後も国子監で官員による儒家経典の講義を聴いたが、こうした行事を総称して「幸学」と呼ぶ。しかし雍正2年（1724年）、雍正帝は、「帝王の臨雍大典にあるように、師を尊び道を重んじる行事を執り行い、教化の基本としてきて」、「歴史の記録を見る限り、こうした行事を幸学と呼び、近年の上奏文においてもそれをそのまま踏襲しているが、孔子を尊ぶという意味において足りないのではないか」として「幸学」を「詣学」に変え、「以て崇敬の意を表す」よう命じた。当時はまだ辟雍が建てられていなかったため、祭祀が終わった後は、彝倫堂において経書の講義が行われたが、乾隆50年（1785年）に辟雍が建てられると、講義はそこで行われるようになり、こうした儀式も「臨雍（辟雍の儀）」と呼ばれるようになった。

　辟雍の儀は盛大に行われた。清代初期、皇帝は辟雍の儀の前日には宮内で斎戒し、親王以下、文官三品以上、武官二品以上、翰林院七品以上の随行官員も自宅内で一日斎戒した。辟雍の儀までに、皇帝は曲阜に官員を派遣し、孔子の嫡孫衍聖公、および顔回、曾参、孟子、子路など聖人、賢人の末裔らを招き、式典に参列させた。乾隆年代になると儀式の内容は少し変わり、乾

---

[14] 在野の者が仕官する際に執り行われた儀式。

隆50年2月には次のように執り行われたという。

　辟雍の儀の当日、日の出の1時間半前、太常寺卿が乾清門に参り時刻を報告し、皇帝に出宮を奏請した。皇帝は祭服を身につけ、輿に乗って出宮。一般的な儀礼と同様、前後に官員が随行し、警蹕（けいひつ）の声とともに午門鐘鼓が一斉に鳴り響く。行列の儀仗を務める法駕鹵簿が先導し、お供しない親王以下の文武官員が朝衣を身にまとい、東華門外の両脇に跪いて皇帝を見送った。皇帝は東華門を出て成賢街へ向かった。朝衣を身にまとった国子監祭酒、司業、国子監官員、そして公服を着た諸生が、街の左側に跪いて皇帝を出迎えた。既に大成門外で待っていた王公大臣や百官は、皇帝の馬車の到着とともに孔子廟に入った。大成殿の階段前の東側には、工部が前日に設置した皇帝専用の天幕があった。皇帝は天幕内で着替えをし、御殿に登って孔子を祀る儀式を行った。

　祭祀が終わると、皇帝は国子監を視学した。視学とは主に経書の講義であり、辟雍で行われた。

　辟雍の儀の朝、楽部和声署[15]は、辟雍の階段の下に中和韶楽を、太学門の中に丹陛大楽を、丹陛大楽の東側には丹陛清楽を配置した。武備院は殿内

辟雍。前にある橋が官員・学生の聴講した場所

15　楽器の演奏を司る部門。

に皇帝の玉座を置き、鴻臚寺は玉座の前に机を二つ配置し、祭酒が皇帝のための教材を机の上に置いた。そして、「四書は東、経書は西」という配置で、講義に用いる四書の副本は東側の机の上に、経書の副本は西側の机の上に置かれた。

皇帝は輿に乗ってまず彝倫堂に向かい、祭服を礼服に着替え、王公大臣らも蟒袍や官服に着替えた。王公大学士以下の官員、衍聖公が連れた五経博士や聖人、賢人の末裔、祭酒と司業が連れた属官や在学諸生、教習、進士、挙人、貢生、監生、官学生は、辟雍の南側で東西二つの班に分かれて待機し、朝鮮国からの使臣は西班の最後尾に立った。さらに、起居官注、侍議、給事中、御史も各自の位置に並んだ。

礼部堂官が講義を聴いていただくよう皇帝におでましを奏請すると、鐘と鼓が鳴り響き、礼部堂官の案内で皇帝が辟雍に入った。皇帝が玉席に座ると、辟雍の階段の下に配置されていた中和韶楽が「盛平の章」を演奏した。礼部堂官が内大臣を案内し、足早に前廊の下に並び、衛兵たちも階段の下に東西二つに分かれて並ぶと音楽は止んだ。鳴賛が「整列！」と号令をかけると、太学門の中に配置されていた丹陛大楽が楽器を演奏し、鴻臚寺官が連れた衍聖公、講義担当の大学士、五経博士、聖人、賢人の末裔らは東班に、祭酒以下の官員は西班に、国子監の諸生は東班と西班の後ろに並んだ。鳴賛が「二跪六叩頭の礼[16]」と号令をかけると全員が一斉に二跪六叩頭の礼を行い、それが終わると演奏も止んだ。

鴻臚寺堂官二人がそれぞれ講義担当の官員4名を案内して南橋から階段を上り、鴻臚寺官員二人が王公、衍聖公、大学士、九卿、詹事を案内し、東と西の橋から階段を上った。皇帝が講義担当の官員に座るように勧めると、官員は一礼して席に着いた。進講を行う満州人、漢人の大学士二人は東側の机に西を向いて座り、満州人、漢人の祭酒二人は西側の机に東を向いて座るが、それぞれの机は玉座を畏れるように少し南を向けられていた。玉座の左側には王公4名、衍聖公、内閣大学士、そして吏部、戸部、礼部、通政司、詹事府の満州人と漢人堂官各1名が、ご進講する大学士の後ろに西を向いて控えていた。さらに玉座の右側には王公4名、兵部、刑部、工部、都察院、大理寺の満州人と漢人堂官各1名が、ご進講する祭酒の後ろに東を向いて控えていた。起居注官4名は南西の隅におり、同じように東を向いていた。侍議、給事中、御史の各2名は東側の檐柱[17]の内側に、講義を聴く各官員は南橋の上に、東西六堂の師生は階段の下に、朝鮮国使臣は西班の各

16「跪」は跪く、「叩」は手を地面につけ、額を地面に打ち付ける動作。「二跪六叩頭の礼」は「跪いて手を地面につけ、額を地面に3回打ち付ける動作」を2回繰り返す礼。
17 建物の外で軒下を支える柱。

61

官員の後ろに、鴻臚寺鳴賛2名は東西の檐柱の外側に、鳴賛官2名は階段の下に立って控えていた。また鴻臚寺官4名は南橋の両側に、さらに4名は太学門外の両側に立ち、それぞれ東と西を向いていた。

鳴賛官の「ご進講」という号令とともに、大学士の伍弥泰、大学士で兼管国子監事の蔡新が『大学』の「人の君と為っては仁に止まる。人の臣と為っては敬に止まる。人の子と為っては孝に止まる。人の父と為っては慈に止まる。国人と交わっては信に止まる」の一節についてご進講し、それが終わると皇帝がその意味について群臣百官に解説した。王公、衍聖公、大学士以下の官員、国子監の諸生、そして朝鮮使臣らは跪いて拝聴し、解説が終わると再び立ち上がった。続いて、祭酒の覚羅吉善、鄒奕孝が『易経』の「天行健なり、君子は以て自ら彊めて息まず」の一節についてご進講し、その後、皇帝がその意味について群臣百官に解説した。各官員や諸生、朝鮮使臣は跪いて拝聴した。経書の講義が終わると、ご進講を行った官員たちは南橋に下がり、司業以下も礼をし、玉座がある北に向かって立つと、丹陛大楽による演奏が始まった。鳴賛官が「跪け、打て、立て」と号令をかけると、全員が三跪九叩頭の礼[18]を行い、それが終わると教師と学生は順番に下がり、成賢街に並んだ。

辟雍では、皇帝にお茶が差し上げられ、清楽団による「君師を仰ぐの章」が演奏された。皇帝が王公、衍聖公、大学士、九卿、詹事にもお茶を勧めると、官員たちは一跪一叩頭の礼を行った後、着席した。茶会が終わると奏楽が止んだ。鴻臚寺堂官が王公と大学士以下の官員を案内し、東西二つの門から下がり、南橋の東と西に並んだ。礼部堂官が「礼成」と号令をかけると、中和韶楽が「道平の章」を奏でた。皇帝が立ち上がり、輿に乗って太学門を出ると、奏楽が止んだ。祭酒と司業は官員や進士、挙人、諸生を連れ、跪いて皇帝を見送った。皇帝の輿が見えなくなってから立ち上がり、各官員、朝鮮使臣など、全員退出した。

辟雍の儀の翌日、衍聖公の孔憲培、大学士で兼国子監監事の蔡新が、諸生らとともに上表して謝恩の意を示し、国子監も、皇帝による解説2編を都の各衙門や各省の学政に頒布し、さらに下部組織にも行き渡るようにし、儒学生たちに学ばせた。皇帝は宴席を設け、衍聖公や国子監官員らを招待するよう礼部に命じ、衍聖公の孔憲培には貂冠、朝衣、徽墨2箱、貂皮4枚を、孔子の子孫7人、五経博士20人、聖人や賢人の末裔38人には、八糸緞1巻、徽墨2箱、貂皮2枚をそれぞれ下賜した。ご進講を行った大学士には、

---

[18]「跪いて手を地面につけ、額を地面に3回打ち付ける動作」を3回繰り返す礼。

八糸緞2巻を、祭酒、司業には八糸緞袍褂各2巻を、監承、博士、助教、筆帖式には、八糸緞1巻をそれぞれ下賜し、国子監で学ぶ諸生および列席した進士、挙人、貢生、監生、蔭生、八旗官学教習、官学生ら3,088人には、それぞれ銀1両を下賜した。また、聖人や賢人の末裔を国子監で学ばせ、国子監における翌年の郷試挙人の定員を15名増やし、儀式に参列した各級官吏子弟の貢生は考職を受験することができるとし、功名のない者または武秀才37人を国子監で学ばせるようにした。このとき執り行われた辟雍の儀は、例年にない大雪に見舞われ、執事官員や参列者らは衣服を濡らしたので、皇帝は、王公大臣に状況を記録するよう特命するとともに、参列した聖人や賢人の末裔には緞1巻を、進士、挙人、貢生、監生、官学生には紡糸1匹[19]を、朝鮮使臣には大緞1巻を下賜した。

　このように辟雍の儀は盛大に執り行われたのであるが、事前の準備も入念になされた。工部により、孔子廟と国子監の補修が行われ、各省は官生、蔭生、恩貢生、抜貢生、副貢生、歳貢生、優貢生、援例貢生、監生らを、吏部は守部進士、挙人、宗学、咸安宮学、景山学副管教長、教習らを参列させた。礼部は、五経博士、聖人や賢人の末裔を参列させ、参列者は学生だけでも2,000～3,000人に達した。守部進士と挙人は、皇帝の輿を迎える際は朝衣を、参列する際は彩服を身にまとった。官職を有する聖人や賢人の末裔、各副管教長、教習、ならびに官職を有する貢生、監生は、補服[20]を身にまとった。一方、官職を持たない聖人、賢人の末裔、貢生、監生は青色の服を身にまとい、金雀の飾りが付いた帽子をかぶった。そして蔭監生、世職学生は、世襲官職の制服を身にまとい、官学生は藍色の服を身にまとい、銀雀の飾りがついた帽子をかぶった。

■ 釈褐の儀

　釈褐とは、平民服から官服に着替えるという意味である。科挙の廷試により進士の順位が確定すると、礼部は釈褐の儀式を執り行う日を決め、その準備を進めるよう国子監側に連絡する。儀式当日の朝、状元は新しい進士を連れ、馬に乗り国子監へ向かう。国子監の集賢門の前で馬から下り、東側の持敬門から孔子廟に入ると、まず致斎所に赴く。それから大成門東側の脇門を通って大成殿の階段の下に並ぶ。号令とともに謁見の礼が行われ、三跪九叩頭の礼をした後に釈菜儀礼が行われる。釈菜儀礼においては、科挙の最終試験で首席で進士になった状元が孔子と孔子の四大弟子を祭り、次席の榜眼が東哲を、第3位の成績で進士になった探花が西哲を祭り、第二甲第一位と

---

[19] 1匹は50メートル。
[20] 文武官の礼服。

第三甲第一位が正殿以外の東殿と西殿を祭る。儀礼が終了すると、大成門西側の脇門から出て、致斎所で着替えを行う。儀礼を執り行うにあたって、第一甲の状元、榜眼、探花はすでに官職を授けられているので、それぞれが各自の官位に合った朝衣や朝冠、朝珠を身につけるが、それ以外の進士はまだ官職が授けられていないので、鍍金三枝九葉の朝冠をかぶり、補服は着ない。致斎所では、まだ官職を授けられていない進士が素金頂の吉冠にかぶり直し、補服に着替えた後、国子監で拝謁する。

　朝衣を身にまとった祭酒と司業は彝倫堂の中に座り、進士たちは太学門の東側の脇門から入って彝倫堂の前に並ぶ。国子監の学生だった者は、堂前の露台で四拝の礼を行った後、露台の西側に並び、国子監で学んだことがない者は、二拝の礼を行う。礼が終わると、第一甲の3名が彝倫堂の東門から堂内に入り、北に向かって机の前に立つ。祭酒と司業は起立し、机を前に南に向かって立つ。執事官員が第一甲3名に酒を注ぐと、第一甲3名は拱手で礼をし、酒を3杯飲んで下がる。祭酒と司業は堂門まで見送るが、堂からは出ない。それ以外の進士は堂の西門から入り、国子監の属官たちが接待する。酒を飲んだ後は、所属官員たちが堂の軒下まで出て見送る。以上で儀式のすべてが終了する。

大成殿

図説国子監

国子監へのいざない

　安定門街を東に折れ成賢街を西に入ると、そこには「成賢街」と大きく書かれた牌楼が立っている。天にも突き刺さらんばかりの2本の柱が牌楼の三つの屋根を支え、瓦は灰色で、五手先斗栱（ときょう）が中央の軒下部分に六つ、左右の軒下部分に二つある。左右の屋根の側柱は地面に届いておらず、下端に花のつぼみを逆さにした飾りがつけられている。牌楼は元々木造であったが、民国年間にコンクリート製になり、旋子彩画による極彩色の装飾が施され、赤い柱と緑の木々の中で格別の美しさを放っている。
　「成賢街」と書かれた牌楼をくぐると、その前方にはさらに2基の牌楼が道を阻むようにして立っている。先の牌楼同様、2本の柱に三つの屋根を持つ構造となっており、それぞれの扁額には「国子監」と刻まれている。国子監を象徴する牌楼で、国子監正門の東西両側に立っている。
　集賢門は国子監の正門で、三間三戸形式、三柱五檁分心式の木架である。簡素な造りで斗栱はなく、雅五墨の旋子彩画が施されており、灰色の瓦の切妻造になっている。中央門の上部には「集賢門」と縦に書かれた扁額が掲げられているが、雲様の縁取りだけで、飾りは付いていない。
　集賢門を通ると、東側に持敬門がある。一間一戸形式で緑色の瓦の切妻造になっており、小点金の旋子彩画が施されている。脇門とはいえ、国子監とその東側にある孔子廟とをつなぐ門であるため、瓦の色や彩画は正門以上にレベルが高い。この持敬門と対をなす西側の門は退省門で、満州人学生が弓術を学ぶ射圃へとつながる門である。集賢門を入ってすぐの庭の東南の角と西南の角には東屋があり、灰色の瓦で葺かれた盝式の屋根とともに、雅五墨の彩画が施されている。それぞれの東屋には井戸があり、主に辟雍の池に水を供給する役目を担っている。
　集賢門を入って正面にあるのは太学門で、国子監の二の門である。三間一

集賢門の内側

戸形式で、門の上部に「太学門」と縦に書かれた扁額が掲げられており、雲様の縁取りとなっている。建築様式は三柱分心式の木架で、斗栱のない簡素な造りに雅五墨の彩画が施され、灰色の瓦葺きの切妻造になっている。太学門は一戸形式であるが、皇帝専用であるため、東と西の両側に人々が出入りする脇門が作られている。脇門の両側にはそれぞれ倒座、廂房と呼ばれる部屋が6室あり、北から回廊へ出ると、脇門の軒とつながっている。太学門の東側には五朝上諭碑が立っている。上端は明の太祖朱元璋が洪武13年（1380年）に太学学生に向けて行った勅諭である。話し言葉で書かれており、一読の価値がある。文章は長くないので、以下に全文を記す。

　　学生たちよ、良く聴くが良い。昔、宋訥が祭酒を務めたとき、学規は非常に厳しいものであった。秀才たちは規則を守り、羽目を外さず勉学に励んだので、皆役に立つ人材となり、朝廷は楽に人材登用できた。その後、天寿を全うしたときには、礼を以て故郷に葬った。
　　近年は老秀才たちが祭酒を務めていたが、二心あって教育に熱心でなく、宋訥の学規を改悪したので、学生たちは勉学に励まなくなり、使い物にならない奴ばかりになった。

今は若い秀才官人たちが学事を代行しているが、彼が定めた学規に、お前たちは従うが良い。祭酒からの報告で、従わない者、不平ばかり言う者、暴れる者、学規に違反する者があったら許さぬぞ！　家族全員、暗黒の地に流されるか、兵役や労役に服するが良い。それとも役人、首領官になるが良いか。

　今後は学規を厳しくし、これまでのように見境なく教師を誹謗する紙を貼ったりする不届き者がいれば、告発した者、捕まえて連れてきた者に、大銀2個を褒美として進ぜよう。もし、既に貼ってある紙が誰の仕業か告発するか、または捕まえて連れてくる者がいれば、その者にも同じく大銀2個を褒美として進ぜよう。犯人は凌遅刑によって死罪に処した後、国子監の前でさらし首にし、家財をすべて没収し、家族全員を暗黒の地に流すこととする。以上。

　明の太祖朱元璋は民間の出で、世間では彼が一夜にして五経に通じるようになったと神格化もされているが、この碑文を見る限り、彼の教育水準は決

太学門

して高いとは言えない。

　太学門を通ると、正面にきらびやかな「瑠璃牌楼」が迎えてくれる。その木造風の牌楼は、四つの柱に三間の様式で三つの屋根を持ち、柱は2本1組として構成されている。三つの屋根は瓦がすべて黄色で入母屋造になっており、五手先斗栱が柱と柱の間に6組ある。四本の柱はそれぞれに小さな屋根が置かれているが、中央の大屋根を挟み込むように置かれている二つの小屋根の両端には破風板が取り付けられ、切妻造の様式になっている。外側の小屋根二つは、その内側は切妻造の様式に、外側は入母屋造になっている。小屋根にも五手先斗栱があり、中央の2本の柱の上は3組で、両端にそれぞれ半組ずつ加えた構成になっている。外側の二間は、内端が斗栱半組、真ん中は1組、外端が転角斗栱[21]となっている。木造建築は重さに弱いため、材料にはレンガを用い、アーチ形の門に設計された。その表面は精美な花模様の浮き彫りが施された石で装飾されている。

　左右二つの屋根の下の表と裏には、二龍戯珠の図案が精美な瑠璃焼で装飾されている。中央の屋根の下の表と裏には石の扁額がはめ込まれ、正面に「圜橋教沢」の4文字が、裏面には「学海節観」の4文字がある。いずれも乾隆帝の手によるものである。古代より、天子の学校は水が循環する場所に置かれたが、それは教化がよどまないことを象徴しており、出入りができるよう、東西南北にそれぞれ橋が作られている。「圜橋教沢」とは、皇帝の教化の恩沢を称賛することを意味し、「学海節観」とは、皇帝が辟雍を訪れた

牌楼裏側

21 隅組物に相当する。

ときに、学生が池を隔てて整列し拝聴することを意味する。

　瑠璃牌楼は、乾隆49年（1784年）に建てられた。同年5月、工事を仕切っていた工部尚書金簡が、辟雍の前に四つの柱に三つの屋根からなる木造牌楼を造ることを上奏したが、皇帝からは、石彫りの、しかも浙江省海寧海神廟の牌楼と同じ様式のものを建てるよう命じられた。この命に金簡は困り果てた。というのも、翌年は乾隆帝即位50周年に当たる年であるため、それまでに牌楼を完成させねばならないからであった。そこで翌日、再度皇宮へ参内し、皇帝の指示通りの牌楼を造ることの難しさを説明するとともに、前日同様、木造建築を提案した。乾隆帝は、石彫りは確かに難しいと一定の理解は示したものの、さすがに木造では壮観さに欠けるとして、首を縦に振ることはなかった。そこでしかたなく瑠璃造りに変更したところ、大西天瑠璃牌楼に倣って造るよう命が下され、現在の瑠璃牌楼が完成したのである。

　瑠璃牌楼外側の東南角には鼓亭、南西角には鐘亭があり、両亭が同じ造りとなっている。外観は三間に見えるが、室内は柱がなく14尺（約4.7m）四方の一つの部屋になっている。屋根は入母屋造、六檁の巻棚式で、灰色の瓦に棟はなく、南北の両端に隅棟がある。軒下には三手先の斗栱が、中央間と脇間に三つ、隅間に一つ施されている。各亭は盛土の上に建てられており、6段の階段がある。東亭の階段は東側にあり、西亭の階段は西側にある。当時、鐘鼓は時報に用いられ、国子監の学生は辰の刻に集合し、酉の刻に解散していた。すなわち、午前7時授業開始、午後5時放課で、毎朝辰の刻に鐘が鳴らされ、酉の刻に太鼓が叩かれたのである。鐘鼓は元々彝倫堂の東と西に置かれていた。東廂の縄愆庁と率性堂の間の小部屋が鼓房で、西廂の博士庁と修道堂の間の小部屋が鐘房であった。辟雍を建てるとき、劉墉らは、鐘鼓房が辟雍の後ろに位置するのは礼制に合わないとし、乾隆帝の許可を得て、瑠璃牌楼外側の東南と西南それぞれに鐘亭と鼓亭を造った。中国では古代より「晨鐘暮鼓」という時報制度が行われており、太鼓は東側、鐘は西側に配置されるのが普通であった。太陽が東から昇り西に沈む際、昇る太陽が鐘を照らせば鐘を鳴らし、沈む太陽が太鼓を照らせば太鼓を打ち鳴らしたのである。しかし、乾隆帝、劉墉らは、太陽が東から出て西に沈むことを考えれば、鐘が東側に、太鼓が西側にあるべきだとし、『欽定国子監志』では東鐘西鼓と定めた。しかし、実際には東鼓西鐘になっており、『国子監志』が事実と異なる記載がなされているのは、恐らく乾隆帝が最終的には風習に従ったためと考えられる。

鐘亭

　瑠璃牌楼の先には国子監の中心的建築物である辟雍がある。それは二重の屋根を持つ、黄色い瓦が乗った寄棟造の四角い建物である。1辺6本の柱からなる五間の正方形で、各辺の長さは53尺（約16.96メートル）、外側は回廊になっており、幅6.8尺（約2.18メートル）、柱の高さは8尺（約6メートル）ある。上の屋根には七手先の斗栱が配され、乾隆帝の手による「辟雍」と書かれた扁額が掲げられている。下の屋根には五手先斗栱が配され、回廊の天井は格天井になっており装飾が施されている。回廊は幅が狭く、軒が基壇部分を十分に保護できないせいか、回廊にある柱の外側にさらに柱が一周廻らされ、その外側の柱の下部に欄干がつけられている。その上部には透かし彫りが施されているため、外からは下層部の屋根の斗栱が見えない。室内は正方形で、抹角梁の工法により室内中央の4本の柱が省かれ、空間がより広く感じられる。抹角梁と抹角梁との間には七手先斗栱が配され、それぞれ6組ある。室内には三つの扁額が掲げられている。まず北側に「雅涵於楽」と書かれた扁額があり、その下の両側の柱には「金元明宅於茲、天邑万年今大備」、「虞夏殷闕有間、周京四学古堪尋」と金色の文字で書かれた対聯がある。いずれも乾隆50年（1785年）の皇帝の手によるものである。そして、南側には「涵泳聖涯」という扁額があり、その下の両側の柱に「縄武肄隆儀、仰礼楽詩書、制猶豊鎬」、「観文敷雅化、勗子臣弟友、責在師儒」と金色の文字で書かれた対聯がある。いずれも道光3年（1823年）に皇帝が書いたものである。さらに東側には、咸豊帝が書いた「万流仰鏡」という

扁額が掲げられている。室内には、皇帝が辟雍を訪れた際に座る玉座も置かれている。辟雍は建築レベルが高く、金龍の「和璽彩画」で飾られ、室内の天井や廊下の格天井にも金龍の彩色上絵が施されている。

辟雍は円形の池の中央に建てられ、池の直径は192尺（約61.44メートル）、深さ14尺（約4.28メートル）で、その周りは石の欄干で囲まれている。辟雍の土地部分は四角形で、1辺の長さは111尺（約35.52メートル）、東西南北の各方向に石橋が架けられている。橋は長さ40尺（約12.8メートル）、幅22尺（約7.04メートル）で、それぞれ辟雍の四つの入り口につながっている。ベトナムにも国子監があり、朝鮮にも国子監に相当する成均館が、日本にも最高学府の昌平坂学問所があったが、いずれも明倫堂や講堂があっただけで、辟雍はなかった。北京国子監の辟雍は、世界で唯一、国の最高学府内に建てられた礼制建築である。辟雍は外側に回廊があり、その回廊は白い石の欄干で囲まれ、黄色い瓦に赤い柱、池の水に緑の木が映え、実に壮観である。

辟雍の名が初めて書物に登場したのは、『詩経』の一節「鼓鐘を論ね、辟雍に楽す」（『大雅・霊台』）である。『礼記・王制』では、「天子の学校は辟雍、諸侯の学校は泮宮」と記され、天子の学校は周りに円形の池が、諸侯の学校は半円形の池が作られていた。辟雍は、天子が「師に道を問い、礼楽を行い、教化を広める」場所であったことから、その周りに円形の池が作られ

辟雍

た。水に囲まれるのが璧のようで、教化がよどまないこと、そして水の外側の四海にも教化が及ぶことを象徴した。辟雍について、後漢末の学者鄭玄は、「辟は明をして教え諭し、雍は和をして教え諭す。よって、天下を中和する」と解説している。さらに、「辟の意味するところは積であり、天下の道徳を積み上げるということである。雍の意味するところは防であり、天下の残賊を防ぐということである」と述べ、辟雍とは徳を積み賊を退けることに通じるとした。

辟雍は天子のための学校であり、国の最高学府であったが、隋代、唐代以降は建てられることはなかった。大きな功績を残そうとした乾隆帝は、乾隆33年に辟雍を建てることを計画していたが、兼管国子監事務大臣である観保らは「帝王が学校をお作りになるのは、ご教養を政(まつりごと)に役立てることになりますが、形にこだわる必要はないと考えます。古の学校を復活させたとして、そこに何の意味があるでしょうか？」と反対した。さらに国子監は都の中にあって水の確保が難しいことを挙げ、「なぜ古のやり方にこだわって、無用の水路を開削しようとするのでしょうか？」と進言した。もっともな道理と強い言葉で戒められた乾隆帝は諦めるしかなかったが、乾隆帝は、「国学の制度では、天子の学校を辟雍という。礼楽を行い、教化を広め、文明を提唱することで、教育の恩沢を伝播する」ではあるが「国学があって辟雍がないのは、実が伴っていない」と考え、乾隆48年（1783年）には大臣らと相談せず、独断で「礼部尚書の徳保、工部尚書で兼管国子監事務の劉墉、侍郎の徳成を派遣し、視察後に労働者を集め、吉日を選んで建設を始めよ」と命じ、「完成の日に朕は辟雍で儀式を執り行い、教化の隆盛を示す」とした。

辟雍を建てることがどれほど大変なことか。文献に記録はあるものの、内容は記録によって異なり、しかも隋代、唐代以降は建てられたことがなく、参考とすべき建物も既になかった。幸い劉墉は書物を広く読んでいたので、古代の文献に沿って、円形の池の中央に建物を建て、建物の東西南北を橋でつなげようとしたが、最大の問題は建物にあった。当初、室内を三間とし、中央に4本の柱を立てるという設計であったが、乾隆帝はこの設計を良しとしないばかりか、理由も告げず、総理工程処の戸部尚書和珅に別の案を提出するよう命じた。室内の1辺は12メートルほどしかないのに、そこに4本も柱があると建物は使い勝手が悪くなる。そこで和珅は抹角架海梁という工法を用いることとした。四角の隣り合った柱同士を梁で連結、補強し、中

図説国子監

辟雍の天井

央の柱4本を不要とする工法で、そうすることで室内空間を広くとることができる。その案はすぐに乾隆帝から承認が得られた。

　建物の問題は解決されたものの、さらに大きな問題が残っていた。池の水の確保である。辟雍は水に囲まれていることが絶対条件である。安定門の外堀の水を引こうという案もあったが、工事があまりに大規模になり、多くの民家の立ち退きが必要であったため、乾隆帝から許可が下りず、最後は井戸を掘って水を引くという案が皇帝から了承を得た。辟雍の周りに複数の井戸が掘られることになり、東側は率性堂の後ろに、西側は修道堂の後ろに、東南側は正門を入って東側に、西南側は正門を入って西側に井戸が掘られた。地下の暗渠を通って水が引き込まれる仕組みで、池には龍頭の飾りでできた四つの吐水口が設けられた。また、池には排水口が二つ設けられ、余分な水は暗渠を通って雍和宮大街の排水溝へと流された。

　瑠璃牌楼に向かって、辟雍の東南側と西南側の角には、一つずつ碑亭が建てられている。両方とも同じ造りで、屋根は二重、黄色い瓦で入母屋造になっており、外観は三間、室内は抹角梁の工法によって中央の柱が省かれている。下の屋根には、三手先斗栱が中央間脇間に四つ、隅間に二つ配されており、上の屋根には、五手先斗栱が脇間に六つ配されている。二つの碑とも亀の胴体に龍の首の形をしており、正面と背面に施された彫刻も同じで、左右の縁には4頭の昇龍の浮き彫りが、上下の縁には二龍戯珠の浮き彫りが施されている。異なるのは、西碑の側面部分には昇龍の浮き彫りが、東碑の側面部分には文字が刻まれている点である。また、西碑の正面には満州語、背

井亭

面には漢語が刻まれているが、東碑はその逆で、正面に漢語、背面に満州語が刻まれており、正面と背面に記された内容も異なっている。西碑に刻まれた満州語の文章は乾隆49年（1784年）に乾隆帝が書いた「国学新建辟雍圜水工成碑記」から、背面の漢語は乾隆帝が書いた「三老五更説」から採られたものである。東碑も西碑と同じ内容であるが、正面の「国学新建辟雍圜水工成碑記」は漢文で、背面の「三老五更説」は満州語で書かれたものである。東碑は側面部分にも文字が刻まれているが、右側面には董誥が書き写した張廷玉の「三老五更議」であり、左側は乾隆帝が書いた「題張廷玉『三老五更議』」である。

　石碑に「三老五更」に関する文章が刻まれたことには理由がある。乾隆3年（1738年）、乾隆帝は一連の儀式の後、太学で養老尊賢の礼を挙げたいと考え、大臣らの意見を求めた。そのうちの一人張廷玉は、そうした儀礼は行うべきではないとして「三老五更議」の書をしたため、反対理由を述べた。「文献には、『食三老五更於太学，天子袒而割牲，執醬而饋，執爵而酳，冕而総干』と書かれております。すなわち、皇帝は肌脱ぎになって自ら生贄を割き、醬を塗って三老五更に勧め、彼らが食べ終われば、杯を持って酒を勧め、さらには自ら舞って座を盛り上げたということです。皇帝にここまでしてい

ただくほどの臣下はこの世にはおりません。三老とは、天、地、人に精通した者、五更とは、五行の交代に精通した者のことでございますが、そのような者はこの世のどこにも存在しておりません。三老五更については、『礼記』、『尚書』以外の書物では確認できませんので、恐らくは漢代の儒者によって考え出された、架空のものと思われます。そして唐代、宋代以降、三老五更の礼が執り行われたという記録もございませんし、順治、康熙、雍正年間に執り行われたという事実もございません。その理由は、典故は古いものしかないのに、儀礼は極めて盛大という認識ばかりが一人歩きしているからに他ならず、もし少しでも儀礼と違うようなことがあれば、異論が噴出すること必至でございまして、皇帝を悪く言う者も出て、大典を貶めることになるでしょう。故に、儀礼の計画を取り消し、群臣に議論させないことをご進言申し上げます」。乾隆帝は、張廷玉の意見を受け入れ、養老尊賢の礼について諦めた。そして40年後、乾隆帝は「三老五更説」を書き、その6年後にはさらに「三老記」を書き、三老五更の出所を考証するとともに、漢代儒者の謬説を批判しながら、「道理が分かるようになるほど分からないということに気づき、一日でも書物を手放せなくなる」と感慨深く述べた。乾隆50年（1785年）、皇帝は張廷玉の「三老五更議」に跋文を書き、名声を追い求め

碑亭

図説国子監

るあまり、儀礼にあやかろうとした若き日の自分を悔い、制止してくれた張廷玉を褒めるとともに、曖昧な態度に終始した鄂爾泰を批判した。張廷玉と鄂爾泰は、雍正帝が生前に乾隆帝の補佐役として指名した大臣で、二人とも三老五更の礼を

彝倫堂の扁額

受けられる可能性のある特別な地位にあった。名声を求める鄂爾泰は、皇帝が養老の礼を執り行うことが自分にとって都合の良いことだったので曖昧な態度を取ったが、張廷玉は自分にとっての損得は一切考えず、皇帝のために断固として反対の態度を示した。どちらが賢臣かは明白である。乾隆帝は「自分の学識の足りなさを反省し、他人の優れた点を公の前で認める」ために、張廷玉の手による「三老五更議」の書と自分の跋文を碑に刻み込むよう命じた。乾隆帝の度量の大きさが窺い知れる事件であった。

辟雍の後方には彝倫堂がある。辟雍が建てられるまでは、彝倫堂が国子監における中心的な建物であり、皇帝は彝倫堂で講義を行い、新進士はここで釈褐の礼を行った。明代では、陰暦の1日と15日を休みとする以外は、毎日ここで講義が行われ、毎朝、祭酒と司業は堂上に座り、監丞以下の属官では、典簿が一番前に立ち、官位の順に並んだ。諸生は礼を行った後、経史について質問し、うやうやしく拝聴した。清代になると、講義は減り、毎月の1日、上旬、15日、下旬の4回のみ行われるだけであった。

彝倫堂は、桁行七間、梁間三間、屋根は切妻造、灰色の瓦葺きとなっている。その後方には、抱厦と呼ばれる東西桁行三間、梁間一間、巻棚式屋根の小さな建物があり、母屋につながっている。正面屋根の下には、康熙帝が書いた「彝倫堂」という扁額が掲げられているが、それは木彫で、左右の縁には昇龍の浮き彫りが、上下の縁には二龍戯珠の浮き彫りが施されている。室内中央には柱がなく、様々な儀礼活動への便が図られている。室内には元々、「文行忠信」、「福疇攸聚」、「振徳育才」という雍正帝、乾隆帝、道光帝が書

いた扁額が掲げられていた。そのうち、雍正帝の扁額には、「学問をする者は文（学問）と行（実践）をともに重んじ、とりわけ忠（誠実）と信（信義）を基本としなければならない。故に、孔子は四教（文・行・忠・信）を後世に伝えたが、大学における人材育成もこの遵守に尽きる」という題辞も書かれていた。また、室内には元々、康熙帝の書や乾隆帝の「御制説経文」、「御制石刻蒋衡書十三経於辟雍序」などによる15の石刻があったが、現在それらはすべて孔子廟に移され、十三経石刻とともに陳列されている。彝倫堂の東側と西側には、耳房と呼ばれる母屋の両端に建てられたやや軒の低い建物がある。桁行三間、梁間三間の耳房には室内中央の柱がなく、講堂として使われていた。彝倫堂の前には月台と呼ばれる屋根のないバルコニーがあり、月台の東南の角には、晴れた日に時間を測定するために置かれた石製の日時計が、西南の角には嘉量と呼ばれる石製の容積標準器が置かれている。これらは古代の役所に必ず置かれていた器物である。

　彝倫堂の東西両側には国子監の六堂がある。東側は北から順に、率性堂、誠心堂、崇志堂があり、西側は北から修道堂、正義堂、広業堂がある。各堂はそれぞれ11室あり、すべて前後廊式木架で、前方の長い廊下は灰色の瓦葺き、三つの堂は軒が連なっており、南北の両端のみが切妻造になっている。明代、進級制が採られていた国子監では、六堂学生は三つの等級に分けられ、正義堂、崇志堂、広業堂は1級、修道堂、誠心堂は2級、率性堂は3級とされた。洪武16年（1383年）、国子監は学規に「生員の中で、『四書』に通じているが経書には通じていない者は、正義堂、崇志堂、広業堂で学び、1年半以上経って文章に通じようになった者は、修道堂、誠心堂への進級を許可する。そこで1年半以上学び、経史にも通じ、文章もともに優れている者は率性堂へ進級することができる」と明確に規定した。清代になると進級制は廃止され、六堂は同等となり、現在の学校における1学年6学級に相当するものとなった。乾隆年間、孫嘉淦の提案により、学生の定員は300名、各堂50名、うち寮生30名、通学生20名となったが、後に寮生が5名削減された。各堂は、助教1名、学正または学録1名が置かれ、授業と学生管理を担当した。

　彝倫堂から東に面した建物の内で最も北に位置するのは縄愆庁で、監丞の執務室であったが、典簿、典籍もここで執務していた。監丞は、学規を掌り、授業を監督し、勤怠を調査し、出費を審査したが、監生に対し、怠ける者は戒め、礼儀を欠く者は正し、従わない者は懲戒処分とした。その権力は大き

く、今で言う学校の教務主任に相当した。簿書を掌り、文書の出入りを記録した典簿は今で言う文書秘書官、国子監の書籍や板刻を掌った典籍は、今で言う図書館長に相当した。縄愆庁と率性堂の間にある小部屋は鼓房で、元々は鼓が置かれ、夜の時報に使われていた。縄愆庁の北側には、彝倫堂の脇門と軒がつながる二つの小さな建物があり、司房と呼ばれていた。それは、『欽定国子監志』にも記録されている銭糧処で、監生への金銭の支給を担当していた。

　彝倫堂から西に面した建物の内で最も北に位置しているのは博士庁で、博士の執務室であった。博士は、経書の解説を行い、それを以て啓発を助け、朔望には監生を集めて会講を行った。博士庁の南側は鐘房、北側は薬房で、外観や構造は東側の建物と同じである。薬房は学生に医療を提供する場所であったが、明代の弘治14年（1501年）にはより良いサービスを提供するために、保安堂5室が建てられたことがあった。

　縄愆庁と博士庁は同じ構造で、両方とも三間からなり、灰色の瓦葺き、切妻造となっている。三間の柱の前後は廊式木架であるが、中央間の前の柱2本を減らしており、さらに中央間の前だけが廊下がある。

　彝倫堂の後方には敬一亭がある。亭という名は付くものの、堂である。桁

敬一亭

広居門

行五間、灰色の瓦葺きの入母屋造となっており、前後は廊式木架であるが、廊下はない。屋根の下は五手先斗栱が、中央間と脇間にはいずれも六つ、隅間には四つ配されている。室内には五手先斗栱が配され、両側面中央間の斗栱は、脇間五つ、廊間一つである。敬一亭は明代嘉靖5年（1526年）に皇帝が頒布した「敬一箴」を保管するために建てられたものである。「敬一箴」のほかにも、嘉靖帝の書を刻んだ「心箴」の石刻、および視、聴、言、動の四箴、五箴の勅諭の石刻なども保管されており、清代には、康熙帝の「御制訓飭士子文碑」や、「嵩高峻極」、「霊寶安瀾」、「功存河洛」、「明昌仁義」の榜書[22] による石碑が追加され、保存された。

　敬一亭の前には一間形式、灰色の瓦葺き、切妻造、牌楼式の門が建てられている。屋根の下には、雅五墨の彩画が施された七手先斗栱が配されており、扁額には「敬一之門」の字が刻まれている。敬一亭の東側と西側には、かつては独立した庭があり、東廂と呼ばれる東側の建物は祭酒の執務室であった。

22 宮殿の額に記された大きな文字。

図説国子監

表門一間、中庁三間およびその東西に、耳房と呼ばれる母屋の両端に建てられた軒のやや低い部屋がそれぞれ一間あり、庁の上部には清代の康熙年間に祭酒孫岳頒が書いた「進徳修業」の扁額が掲げられている。一番後方は後軒五間、東西の廂房二間で、それぞれ崇実軒、振雅軒と呼ばれていた。表門の外の東側にはさらに部屋が5室あり、かつては書吏の執務室であった。東廂は東堂の後ろの細い道から二門の外とつながり、儲材門を抜けて表門の庭に出ることができる。

敬一亭の扁額

敬一亭の西側は西廂と呼ばれ、司業の執務室であった。造りは東廂とほぼ同じであるが、後軒の東西の廂房が中庁の前にある点で違っている。門の前にも廂房が5室あり、書吏の執務室であった。表門は南向きで、東廂同様、直接二門の外とつながり、広居門を抜けて表門の庭に出ることもできる。

東廂の外にはかつて御書楼があった。主楼と東西廂楼それぞれ五間の2階建てで、皇帝が頒布した経史に関する書籍や国子監および武英殿で用いた書版が保管されていた。主楼の西側には、乾隆帝の敕修御書楼碑が立っており、建物の中には嘉慶帝による「八旗箴」の石刻と「喜雨山房記」の石刻が置かれていた。主楼は二門一戸で、門外には東西廂房が各3室、廂房にはそれぞれ門が設けられ、独立した庭が造られていた。また、一番前の表門は五間造りであった。

東廂の先にはかつて200室以上部屋があり、国子監書吏、皂役や廟戸の住宅となっていた。

西廂の先にはかつて射圃があり、八旗官学生が弓術を学ぶ場所となっていた。春と秋の武術試験もここで行われ、「箭亭」という建物が三つあった。

国子監の名士小伝

　北京国子監は600年近く存続する中で、名士が集い、名士を輩出する場として、数多くの面白い逸話が残されている。

孔子廟に従祀された三学官

　古来より中国では、学校には先聖、先師を祀る習慣があったが、時代が下ると校内に孔子廟を建てるまでに発展した。孔子廟には、孔子のほか、その弟子や歴代の儒者の代表的人物も従祀されていた。孔子廟を建てる目的は、学生の道徳修養を強化し、勉学に励ませ、孔子廟に祀られている聖人、賢人のような人物になれるよう教育するためであった。

　孟子は「人は誰でも堯や舜のようになれる」と唱え、程頤は「人は誰でも聖人になれる」とした。孔子廟に従祀されることは学者にとってこの上ない名誉であったが、孔子以来2500年以上経っても、聖人とされた者は極わずかであり、先賢、先儒と呼ばれた中でも、孔子廟に従祀された者は170名ほどであった。その中の70名ほどは孔子の直接の弟子であり、後世に孔子廟に従祀された者は100名にも満たなかった。それほどの中で、北京国子監の祭酒、司業を務めた人物のうち、3名が朝廷によって孔子廟に従祀されている。

　北京国子監の学官として初めて孔子廟に従祀されたのは、元代初期の祭酒、許衡である。

　許衡（1209－1281年）は字を仲平といい、魯斎先生とも称された。元代に活躍した理学家で、金の時代に河内（現在の河南省泌陽市）で生まれた。若い頃に漢代、唐代の経学を学び、後に姚枢に師事し、程朱理学（程顥、程頤、朱熹の学説）を学んだ。1254年にフビライから京兆地方の提学に任命

許衡

されると、多くの学校を建設し、中統元年（1260年）に国子監の祭酒になったが、ほどなくして病と称して辞任した。至元2年（1266年）に再び都に招かれ、中国伝統の方法（漢法）による統治、賢人の選抜、法律の制定、学校の建設、農業の振興、税政の改革などを進言したが、後に病気のため辞した。5年後に復帰し、劉秉忠らとともに朝儀官制を制定し、中書左丞に任命されたが、たびたび辞職を申し出た。至元8年（1272年）、集賢院大学士とともに国子監の祭酒を兼任し、12名の弟子を呼び寄せ国子監斎長[23]に任命するなどしたが、2年後に辞職し故郷に帰った。至元13年に授時暦を改めるべく、再び集賢院大学士兼国子監祭酒に任命され、太史院の業務を掌ったが、至元17年に授時暦が完成すると退官した。

　許衡は祭酒の任にあった頃、儒学六芸によってモンゴル人子弟を教育した。「選ばれた子弟たちは皆幼かったが、許衡は彼らを成人に対するよう接し、

---

23 宿舎の長。

自分の子のように愛した。しかし、礼儀においては君臣の上下関係のように厳しかった。その教えは、覚くことによって善であることを明らかにし、明らかにすることによって蔽われたものを取り除き、活動と休息を組み合わせることで適度な緊張と余裕を持たせるようにした。授業以外では、礼儀や書法、算術を学ばせたが、年少の者には跪いて頭を地につける礼や拱手の礼を習得させた。また弓術や投壺を学ばせた」とのことで、その教育は大きな成果をあげた。死後に、文正の諡号、そして正学垂憲、佐運功臣の称号を賜るとともに、魏国公に封ぜられ、皇慶2年（1313年）に孔子廟に従祀された。

　許衡は元代理学の大家の一人であった。太極よりも精神的な道こそが宇宙の根源であるとし、人間の性を、自然の理から授かった仁・義・礼・智・信に基づく本然の性と、個々人で異なる気質の性とに分けた。そして、「持敬」などの修養法を用いて本然の性を回復すること、知識と実践とを融合させるべきことを主張し、人間生活に役立つ実用的学問に重きを置き、空理空論で現実を蔑む理学家を批判した。彼は、学問の第一の目的を人間生活の日常的問題を解決することとし、有名な「治生論」を打ち出すとともに、「治生」は農業を中心に商業も発展させる必要があると唱えた。著作に『許文正公遺書』、『許魯斎集』がある。

　北京国子監で2番目に孔子廟に従祀された人物は、元代に監丞と司業を務めた呉澄である。

　呉澄（1249－1333年）は字を幼清、号を草廬といい、撫州崇仁（現在は江西省に属する）の人で、元代の経学者、哲学者である。幼少期に朱子学を習い、試験会場で出会った饒魯の弟子程若庸に感服して師と仰ぎ、その後、さらに程紹開にも師事し、20歳で挙人になった。宋の滅亡後、同門の程巨夫の推挙により上京したが、やがて老いた母親を案じ故郷に帰ることになり、程巨夫の奔走により、呉澄の著作が国子監に送られた。後に応奉翰林文字の官職を授けられることになったが、辞退の意を申し述べるために上京したところ、既に他の人物がその任に就いたことを知り、再び故郷に帰った。その後、江西儒学副提挙に任命されたが、3か月後に退官した。至大元年（1308年）に国子監丞に任命され、皇慶元年（1312年）に司業に昇任したが、やがて辞職した。英宗が即位すると、翰林学士の官職を授かり、泰定元年（1324年）に経筵講官になったが、ほどなく辞任した。没後、文正と諡され、臨川郡公に追封された。明代宣徳10年（1435年）に孔子廟に従祀されたが、嘉靖9年（1530年）に、宋代の挙人でありながら元朝に仕えたこ

呉澄

とを「君主を忘れて、仇虜に仕えることを恥としない」行為であると批判され、従祀が取り消された。清代の乾隆2年（1737年）に復権され、再び孔子廟に従祀された。

　呉澄は国子監で監丞の任にあった頃、まじめにこつこつと仕事をし、その様子は「毎朝、堂に蝋燭を灯し、学生に授業を行い、太陽が沈むと宿舎に帰った。しかし、経書について質問に訪れる者が相次ぐと、呉澄は各学生の才能と素質に応じて、理解するまで繰り返し説明し、時間をかけて導いていった。いつも深夜まで学生への指導は続いたが、寒い冬でも暑い夏でもそれは変わらなかった」とされる。さらに、呉澄は教育内容の改革も提案した。それは、「程純公（程顥）の『学校奏疏』、胡文定公（胡安国）の『太学教法』、朱文公（朱熹）の『学校貢挙私議』を教材として用いる。学科は次の四つに分ける。一つ目は経学、二つ目は行実、三つ目は文芸、四つ目は治事とする。

しかし、この計画が実現することはなかった」(『元史』巻171)。呉澄の提案は優れていたが、残念ながら採用されることはなかった。

呉澄は時間が許す限り著作に没頭し、『五経纂言』、『学基』、『学統』などを執筆するとともに『老子』、『荘子』、『太玄経』、『楽律』などの校訂も行った。それらは『呉文正公全集』に収録されている。

北京国子監で3番目に孔子廟に従祀された人物は、明代に祭酒を務めた呂柟である。

呂柟 (1479－1542年) は字を仲木、号を涇野といい、陝西省高陵出身の、明代の理学家である。若い頃に国子監で学び、正徳3年 (1508年) に状元になり、翰林院修撰の官職を授けられた。同郷の宦官劉瑾に抱き込まれることはなく、皇帝に入宮して親政を行うよう上奏したために、劉瑾の恨みを買うことになった。劉瑾が罪名をでっち上げ陥れようとすると、呂柟は病と称して職を辞した。劉瑾が処刑されると、元の官職に復任し、養子を排除し、番僧を追い払い、鎮守宦官を呼び戻すよう皇帝に上奏したが、このようなことは呂柟でなければ言えないことである。しかしその後、父が病に伏したことで故郷に帰った。嘉靖帝が即位すると、推挙されて朝廷に入り、皇帝に「学問に努め、新政に役立てること」、そして「克己心をもって独り慎み、上は天意に対すること。才能のある賢人に近づき、阿諛迎合する小人を遠ざけること。民衆の意思に通じ、太平盛世を実現すること」を進言した。嘉靖帝は実父を皇帝として追贈するとともに、その位牌を太廟に入れ、「皇考」と称する一方で、継父の正徳帝を「皇伯考」と呼び[24]、大礼の議を招くこととなった。呂柟は皇帝のやり方に反対したことで、解州判官へと降格された。しかし、3年後には南京宗人府の経歴に昇格し、尚宝寺卿、南京太僕寺少卿を歴任、嘉靖14年 (1535年) に国子監の祭酒となり、やがて南京礼部右侍郎に昇進するとともに、吏部の職務を一時兼任した。皇帝に、湖北鐘祥にある実父の墓を祭祀するよう勧める上奏を何度も行ったが、皇帝には上奏が届かなかったため、退官し故郷に帰った。没して文簡と諡された呂柟は、明代の万暦、崇禎年間に孔子廟での従祀を推挙されたが、朝廷から許可が下りず、清代の同治2年 (1863年) になってようやく従祀が許可された。彼は孔子廟に従祀された人物の中で、唯一国子監で学んだ監生である。

呂柟は宝邛寺、東林別野、東林書屋、解梁書院で教え、南京で官職に就いた頃は、湛若水、鄒守益とともに講義を行い、多くの門下生を輩出したことから、東南学者に強い影響力を持っていた。残念なことに、国子監で官職に

---

24 一般的には、嘉靖帝が「皇伯考」と呼ぼうとしたのは弘治帝といわれている。

87

あった頃の記録は少なく、当時の教育活動を知ることはできないが、「人の資質や学力に応じて進める」という彼の主張から、呂柟も学生の才能に応じた教育を行っていたことが窺える。

著作には、『四書因問』、『周易説翼』、『尚書説要』、『毛詩説序』、『春秋説志』、『涇野詩文集』などがある。

優秀な人材を数多く輩出した国子監

明の太祖朱元璋は宋訥への詔書の中で、「大学は、官吏になるための道であり、礼儀はここより生まれ、人材はここより盛んになる。卿は学識豊かで宿徳があるので、特別に祭酒に任命する。朕が教化を打ち立てた意味を理解し、学生を有用な人材に育て上げ、士大夫の気風が大きく変われば、国も強くなるであろう」（『明史・職官志二』）と述べ、国子監の設立目的は、人材を育成し、社会の気風を変え、国の安定を強固にすることにあると明確に説明している。このように、歴代王朝は皆国子監を重視し、品行と学問ともに優れた官員を国子監に配置した。

元代の著名な理学家許衡は国子監祭酒を3度務めたが、後半の2回は集賢院大学士とともに国子監祭酒を兼任していた。また、理学家呉澄は司業を務め、著名な学者である張養浩は監事を司り、虞集、欧陽玄、劉賡、鄧文原、呂思誠らは祭酒を兼任していた。さらに、張起岩は博士、監丞を、掲傒斯は助教を、53代衍聖公孔洙、55代衍聖公孔克堅は祭酒を務めた。

明代初期、著名な文人宋訥が祭酒に任命されると、曹国公李文忠が監事を司った。その後、大臣が国子監祭酒を兼任するようになったが、著名な学者謝鐸が礼部右侍郎として祭酒を兼任し、理学家呂柟も司業、祭酒を務めたことがある。ほかにも著名な書画家董其昌が司業を、名臣倪元璐が祭酒を、文学家の袁中道、書画家の文彭が博士を務めていたことがある。明代においては、国子監官員経験者の多くがその後も官吏として重用された。祭酒を兼任した高拱、陳以勤、高儀、余有丁、許国、そして祭酒を務めた蕭鎡、石瑶、丘璿、厳嵩、徐階、王錫爵、張位、劉一燝、李廷機、方従哲、何如寵、呉宗達、孔貞運、林釬、さらに国子監司業を兼任した張居正らは、その後、内閣大学士の官職に就き、なかでも厳嵩、張居正、徐階、方従哲は内閣首輔の官職にまで上り詰めている。

清代になると、国子監は一層重視されるようになり、雍正3年（1725

徐階

年）からは管理監事大臣が派遣されるようになった。最初の頃は親王、郡王が管理監事大臣として派遣されたが、後になって満州人や漢人の大学士、あるいは尚書、侍郎の中から管理監事大臣が派遣されるようになり、著名な学者である劉墉や紀昀がこの職に就いたこともあった。祭酒、司業に著名な学者が就いた例も多い。呉偉業、王士禎、王懿栄、沈荃、法式善、曹秀先らも祭酒を務めたことがあり、翁方綱は司業を、孔尚任は博士を務めたことがある。特に乾隆年間には、大学士の趙国麟、尚書の楊名時、孫嘉淦が兼管監事を務め、官献瑶、庄亭陽らが国子監六堂を司り、「四賢五君子」と称された。そして明代同様、清代においても、国子監官員経験者の多くがその後も重用された。祭酒の馮溥、徐元文、尹泰、祁寯藻、翁心存、および司業の熊錫履、王熙、張玉書、李天馥、陳敬廷、梁国治らは大学士という官職にまで就いており、梁国治は軍機大臣を 14 年間務めた。

　優れた人材は教官だけでなく、監生にも多くいた。統計によると、明代に

図説国子監

89

45回実施された廷試において進士合格者は計12,097名いたが、そのうち国子監監生出身者が6,625名で、全体の約55％を占めた。その割合が最も高かったのは成化23年（1487年）で、国子監監生出身者が93％も占め、次いで成化2年、8年、17年、正徳3年（1508年）の順に、85.16％、78.8％、75.33％、71.8％の高水準を叩き出していた。進士の中で状元になった監生は計25名いたが、そのうち成化20年、弘治12年（1499年）、正徳3年は第一甲の3名すべて、すなわち状元、榜眼、探花のすべてを国子監監生が占めた。また、正統10年（1445年）に状元となった商輅は、郷試、会試、廷試のすべてに首席で合格し、成化8年の呉寛、弘治3年の銭福は、会試と廷試に首席で合格した。状元のうち、商輅、費宏、李春芳らは、内閣大学士の官職にまで上り詰め、商輅、李春芳は内閣首輔を務めたことがある。呂柟は著名な理学家で、孔子廟に従祀されており、楊慎は著名な文学家であった。

紀昀

洪昇と戯曲『長生殿』

　国子監は国の高級官吏の養成学校であり、戯曲は高尚な席にはそぐわないものと見なされていた。しかし意外なことに、戯曲の双璧をなす『長生殿』と『桃花扇』は、清の康熙年間に国子監で生まれている。その作者は「南洪北孔」と称された洪昇と孔尚任であり、『長生殿』が監生洪昇、『桃花扇』が監生出身の博士孔尚任によって作られた。

　洪昇（1645－1704年）は字を昉思、号を稗畦といい、浙江省銭塘（現在の杭州）で生まれた著名な戯曲作家である。没落貴族の家に生まれ、故郷で駢文が得意な陸繁弨、詞曲に堪能な潘謙、音律に通じた著名な学者毛先舒に師事し、若くして詩の才覚を現した。国子監監生として上京してからは、著名な詩人王士禛、施閏章に師事し、著名な詩人趙執信とも友人になり、文化的素養を高めることで、『長生殿』の創作に向けての基礎を築いていった。

　康熙27年（1689年）、十数年の苦労の末、歴史的戯曲『長生殿』がついに完成した。親友の趙執信が手を加えると、翌年8月には著名人らを査楼（後の広和楼）に招き、劇を披露した。「管楽と歌声が華館を沸かせ、有名な文人や高位高官らによって座が埋め尽くされ」、都を大いに沸かせたが、その上演に礼科給事中の黄六鴻が招待されていなかったことが後に問題となった。黄六鴻は、皇太后の忌日に戯曲を上演するのは不謹慎極まりないとし、その晩観劇したすべての者を処罰するよう皇帝に上奏した。康熙帝は、観劇したすべての官員を罷免するとともに、洪昇の国子監監生の資格を剥奪するよう命じた。この『長生殿』事件で最も被害を受けたのは、親友の趙執信（1662－1744年）であった。趙執信は18歳で進士に合格し、翰林院編集を経て右春坊右賛善にまで抜擢されていたが、この事件で官籍を剥奪され、故郷に帰った。そのことを惜しみ、都には次のような詩が伝えられた。「秋谷（趙執信）の才能は群を抜き、若くして科挙に及第し風流を尽くした。哀れなことに『長生殿』が世に出るや、その偉業と名声は失われてしまった」。

　既に50歳になっていた洪昇は不遇の身となり、流浪の旅を続けていたが、浙江省呉興で夜、酔って水に落ちて死んだ。

　洪昇は優れた戯曲を残しており、作品に『長生殿』、『迴文錦』、『迴龍院』、『鬧高唐』、『四嬋娟』など9本があるが、現在は、『長生殿』と『四嬋娟』以外は失われている。また詩集として、『稗畦集』、『稗畦続編』などがある。

孔尚任と戯曲『桃花扇』

　康熙24年（1685年）、とある春の日、国子監では鐘や太鼓の音とともに、博士として着任した孔尚任が、彝論堂に集まった15省の満州人、漢人学生を前に、経書の講義を始めた。数百人もの学生たちが孔尚任の講義の虜となり、講義終了後に経義が配られたが、称賛の嵐が収まる気配はなかった。

　実は、孔尚任は国子監に捐納によって入学しており、監生の中では最も能力が劣るとされた学生の部類に入っていた。そんな彼がなぜ国子監の博士にまでなれたのだろうか。

　孔尚任（1648－1718年）は字を聘之または季重といい、号は東塘または岸堂、云亭山人と自称する清代の著名な戯曲作家である。孔子64代目の子孫で、曲阜の知識人の家庭に生まれた。幼い頃から頭が良く勉強好きで、20歳で秀才になり、経史と音律に精通し、詩文にも長けていたため、彼が進士になるのは簡単なことだと誰もが思っていた。しかし、挙人になる郷試を何度受けても落ちてしまう。31歳の時、族兄の尚恪らとともに城北の石門山に遊びに行き、そこの景色に魅せられ、その場に小屋を造って学問しようと誓う。34歳の時、三藩の乱の平定で国家財政が緊迫したことで、特別に捐納制度が実施され、軍に糧秣を寄付した学生は国子監で学ぶことができるとされた。科挙試験に合格する自信を失ったのか、孔家はすべての畑を抵当に入れ、孔尚任のために国子監監生の資格を金で買った。孔尚任は、「倒行逆施、他言無用」と言い、金の力で監生となったことを恥と考えた。翌年、衍聖公である孔毓圻は、夫人の張氏が病で亡くなると、孔尚任が葬儀作法に精通しているということで、孔尚任に葬式を頼んだ。また、その翌年の春には『孔子世家譜』と『闕里誌』の編集、孔子廟の礼楽祭器の製造、孔子廟で祭祀を行う際の歌舞の訓練も頼んだ。8月の秋の祭祀が行われる頃には家譜も誌書もすべて完成し、族人たちによる釈奠も無事執り行われ、新しい礼楽歌舞も高い評価を得た。

　康熙23年（1684年）、秋の祭祀後、孔尚任が石門山に帰ろうとしたとき、康熙帝が孔子を祭るために曲阜を訪れるという話が持ち上がり、孔尚任は再び孔毓圻に頼まれ、祭祀楽舞の指導を行った。そして11月16日の夜、眠っていたところを叩き起こされ、孔府東書堂に呼ばれ、跪かされて次のような聖旨を受けることとなった。「闕里は聖人の故郷であり、儀礼の郷でもあ

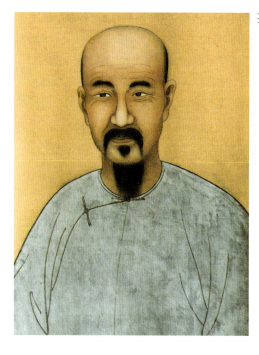
孔尚任

る。朕は魯の地を訪れ、先師を祀り、教化を広げ、儒学を鼓舞する。祭祀が終わった後は、経書を明確に解説してもらいたいと思うが、それは奥義を深く探究するとともに、大典に一致した内容でなければならない。孔氏子孫の中から博学な者を選んで、講義に用いる経義を書かせ、事前に提出せよ」。聖旨を聞き終わるや、孔尚任はその場で経義の原稿を書き始めることになった。講義の内容は『大学』の首章と『易経・系辞』の首章としたものの、蝋燭が半分以上燃えてもまだ一文字も書き出せなかった。その場には翰林院掌院学士の常書、侍読学士の朱瑪泰、山東巡撫の張鵬、衍聖公の孔毓圻の4人がいた。山東巡撫の張鵬が笑いながら、「2本の赤い蝋燭、4対の青い眼、並外れた才能がそろっても経義を書くことは難しいだろう」と言うと、衍聖公が一人用の机を用意してくれた。しばらくして、『大学』の講義用経義が完成すると、張鵬は斜め読みし、「講義では、後半で聖人を褒め称えることも必要であろう」と指摘した。孔尚任はその指摘に応じ、欠けているところを補った。常書に『易経』の講義用経義のほうも作るよう催促されると、孔尚任は「『詩経』は代々教えを受けているが、『易経』は習ったことがない」

図説国子監

93

として辞退した。そこで朱瑪泰に「五経に通じていないで、どうして博学を名乗れるのか」と言われ、孔尚任は書く以外道はなかった。蝋燭が燃え尽きる前に二つの原稿が完成した。原稿に目を通した朱瑪泰は孔尚任の肩を叩きながら、「評判に違わぬすばらしい才能だ」と感心した。

二つの講義には二人の講官が必要だったので、孔尚任は族兄で挙人の孔尚鉝を『易経』の講官として推薦した。17日夜に予行演習を行った際、孔尚任は、孔子廟の詩礼堂に杜甫の詩「二羽の鶯が緑柳に鳴き、一列の白鷺が青天に上っていく」の掛け軸があるのを見つけ、そっと孔尚鉝の手を握って、「私たち二人は朝廷に任用されることになるだろう」と囁いた。

11月18日、孔子の祭祀が終わり、康熙帝は孔子廟の詩礼堂で孔子の末裔らによる講義を聴いた。孔尚任が講義を終えると、康熙帝は「汝の講義には、経筵講官も及ばないだろう」と褒め、「孔尚任らの講義は朕の心に響いた。規定にこだわらず枠外で任用せよ」と大学士の王熙と明珠に直接伝えた。12月1日、孔尚任は、国子監の博士に任用するという通知を吏部から受けた。清代の制度では、捐納監生は修学期間が満了すると、試験を経て州同、州判、県丞の官職の資格を授けられるが、採用は順番で待つしかなかった。孔尚任が国子監の博士に任用されたのは異例であり、しかも推挙なしでいきなり役職に就くという特別待遇であった。清代の制度では、捐納監生は推挙があって初めて正途に栄転することができたのである。康熙帝への講義が成功し、孔尚任の前途は洋々たるものであった。皇帝の帰途、随行した官員すべてが孔尚任を「講義秀才」と褒めちぎったが、これほど異例ないきさつで国子監博士になった者は歴代になかったのである。捐納監生が国子監博士になるということなどは、国子監の歴史上初めてのことであり、孔尚任はその経緯を『出山異書記』として本にまとめている。そこには、「書生の身にこの待遇は分不相応なものであると自覚している。犬馬のようになってご恩に報いることを終生忘れてはならないと思った」と記されている。康熙24年（1685年）、孔尚任は康熙帝のご恩に感激し、涙を流しながら博士に就任した。

だが孔尚任の官吏生活は決して順風満帆とは言えなかった。翌年の7月、黄河の治水工事のために淮揚に派遣され、その期間中は不毛の大地と洪水との戦いで、寺に宿泊しながら友人に米を請い、上官に銀を借りるなど、非常に苦しいものである。その様子を「借銀詩」の中で次のように書いている。「拝謁しても言葉を発せず、ただ腹が雷鼓のように鳴るばかりである。苦境

にある人を救おうとするのは大臣の心だが、天下に博士ほど苦しい生活を強いられる者はいない。借用した銀で赤貧を潤し、帰途につく姿は虎の如く力強い。童僕はへらへらと笑い、主人は雨のように涙を流す」。現代の人が読んでも、涙が出るほどである。ただ幸運なことに、治水工事中、孔尚任は冒辟疆ら南明の遺老と交流し、南明の事跡について知ることができ、名劇『桃花扇』の創作に役立つ資料を大量に収集することができた。

孔尚任は、若い頃、義父の秦光儀らから南明に関することを聞かされており、特に妓女李香君と貴公子侯方域の恋愛物語は、戯曲『桃花扇』創作へのインスピレーションを与えるものとなった。4年にわたる治水工事の期間中に大量の資料を集め、北京に戻ってから、再び国子監博士を5年間務めたが、仕事は少なかった。この頃に『桃花扇』の創作を開始したと言われているが、それ以降、戸部主事や員外郎に昇進しても閑職であったため、仕事以外の時間をすべて執筆に費やし、ついに康熙38年（1699年）6月に不朽の名作『桃花扇』を完成させた。

『桃花扇』が世に出るや、たちまち都に旋風が巻き起こった。ほぼ毎日のように上演され、会場は「名公巨卿、墨客文人で埋め尽くされ」、康熙帝も宦官を寄越し脚本を取り寄せるほどであった。しかし、まさにこの絶頂期のとき、孔尚任はなぜか免官されてしまうのである。孔尚任の「運の巡り合わせが悪く、突然に文章のことで憎まれ、口を慎めと誹謗を受ける」という詩句から、文章関係で災いを招いたことが窺える。現代人の多くは『桃花扇』が免官の原因であると考えているが、孔尚任が免官された後も都では相変わらず『桃花扇』は上演され、多くの著名人が集まっただけでなく、特別席に孔尚任を一人座らせたりもしていたので、この推測は恐らく誤りであろう。

免官後も都での官吏生活に未練があった孔尚任は再起を試みたが、友人からの忠告でようやく故郷に帰った。晩年はあちこちの土地を巡り歩き、人の家に居候しながら書を伴として暮らしたが、その境遇は惨めなものであった。

孔尚任は著作が多く、『桃花扇』の他にも、顧彩との合作による戯曲『小忽雷』、そして詩文集『湖海集』、『岸堂稿』、『長留集』、地方誌『闕里誌』などがある。

多くの功績を残した孫嘉淦

　清代における国子監の歴史の中で、孫嘉淦は重要人物として位置付けられている。

　孫嘉淦（1683－1753年）は字を錫公、号を懿斎といい、山西省興県生まれで、康熙52年（1713年）に進士となり、雍正元年（1723年）に司業を、雍正7年には祭酒を務め、乾隆元年（1736年）には刑部尚書として兼管国子監事を務めている。まっすぐな性格で、物怖じせず直言を述べる人物で、雍正帝さえも「朕も豪胆さに心服する」と評価している。

　孫嘉淦の国子監に対する貢献は、主に以下の4点をあげることができる。

　一つ目は、国子監の経常費の問題を解決したことである。国子監では、それまで経常的に支出する経費が考えられてこなかったが、雍正8年（1730年）、祭酒になってまもない孫嘉淦が監生の授業、食事、衣服に対する補助経費として毎年白銀6,000両を割り当ててほしいと上奏したところ、皇帝の許可が得られ、それ以降も毎年認められるようになった。

　二つ目は、監生の住居の問題を解決したことである。それまで国子監には寮がなかったので、監生は民間の家を借り、普段は学外にいて、祭祀や堂期、季考、月課の時だけ国子監に集まった。孫嘉淦が兼管監事の侍郎、鄂爾奇とともに、助教などの学官や監生の宿舎として、国子監の南側にある方家胡同の官房142部屋を利用できるよう上奏したところ、皇帝の許可が下りた。国子監の建物が増え、敷地面積も拡大したが、さらに重要なことは、寮を持つことで監生の学習や日常管理がしやすくなったという点であった。

　三つ目は、国子監監生の定員を定めたことである。それまで国子監には定員という概念がなく、各省から推薦された監生はすべて入学させた。しかし孫嘉淦は、「各省から選抜された者と言えど、そのまますべてを入学させると学生の質が一定にならず、有用な人材を育てることが難しくなる。学生を試験選抜する必要はあるが、定員が定まっていなければ、絞り込みができない」と考えた。定員がなければ選抜することはできず、監生の質を担保することもできないため、「少ないときで100名、多いときで300名」というこれまでの監生数の実態に沿って、監生の定員を300名に定めるとともに、六堂の堂ごとに50名、そのうち寮生は30名、通学生は20名とした。そして各省からやってきた貢生の試験は、兼管大臣と祭酒が担当したが、学生

図説国子監

の質を重視するという原則を堅く守り、品行方正で文才のある者を受け入れ、年齢的な衰えの見える者や才能が平凡な者は故郷に帰らせた。300名の定員に達した時点で新たな入学者は認めず、その後は欠員が生じた場合に補充するやり方を採った。

　四つ目は、分科教育制度を確立させたことである。孫嘉淦は、「文芸科目だけでは有用な人材は育たない」と考え、宋代の胡瑗が考案した経義斎と治事斎の方法を採用し、科目を分けて教えることによって実践的有用な人材を育成することを提案した。「規条を定め、諸生が『四書』や八股文以外に、一つの経に精通し、一つの事を担当し治められるように育てる。その経に精通した者は、必ず前代の儒者の流れを広く知り、皇帝が頒布した『折中』、『伝説』、『匯纂』などの書物を暗記し、聖人たちの立教の意を深く知り、人々の日常生活に役に立つようにしなければならない。その事を治める者は、例えば、歴代儀礼、史鑑事跡、および律令、財政、算法、兵制、治水などについてよく知らなければ実際問題に対応することができない。毎年の考課は、経義と治事を以て勤怠を分け、満期に優秀な者を推薦する。すなわち、経義と治事によってその優劣を定める」とした。そして、多くの学生は有用な学識を持ち、国は自ずと人材の効果を得るようになるとし、監生を経義と治事の2組に分けるとともに、治事をさらに歴代儀礼、賦役、律令、防衛、水利、天文、水路、算書などの科目に分け、一つの事を深く治めるか、あるいは複数の事を合わせて治めるかにする。必ずその源流にまで遡って学習し、その限界と可能性を見極めるようにすることで、実際に役立つ人材を育成することができるとした。この提案が皇帝の許可を得ると、毎月博士庁によって試験が行われるようになり、経義の試験は経文と経解から問題が出され、治事の試験は策論問題から出題され、試験に際しては、必ず経書に精通し、物事の道理をよくわきまえていることが求められるとともに、古代文化や民を愛しみ恵む人材か否かが調べられた。3年間の修学期間を満たすと、学んだ分野によって等級が分けられ、賞罰が行われたのである。さらに孫嘉淦は、修学期間が満了した監生を即時に採用することも朝廷に提案した。当時行われていた官吏選抜方法というのは、朝廷がまず各省から送られた抜貢の中から選抜し、知県や佐弐などの官職に就かせた後、残った者を国子監に送って学ばせるというものであった。しかし、3年間の修学期間が満了しても教諭としてしか用いられず、官職に空きが出なければ官吏に任用されることはなく、官職に就くまで20、30年を待たなければならなかったため、国子監で

学ぶ貢生たちの学習意欲を失わせていた。そこで孫嘉淦は、修学期間が満了した監生の中で、才能が平凡な者はこれまで通りとするが、才能に秀でた者で1等者は九卿による選抜の例にならって皇帝に接見させた後、各省の知県として任用し、2等者は各省の教官として用いることを提案した。しかしこの提案が採用されることはなかった。

許衡と「復蘇槐」

彝論堂の西講堂の前には2本の古樹があるが、それは元代の祭酒許衡が植えたと伝えられている。

乾隆16年（1751年）、乾隆帝の母、崇慶皇太后の60歳の誕生日に、許衡の植えた槐樹が「枯木のはずが突然蘇生」し、新芽を吹いた。朝廷を代表して孔子廟を祭祀するために、その前日に国子監に泊まっていた大学士蒋溥はそのことを知り、乾隆帝に喜んでもらおうと「古槐重栄図」を描き献上した。乾隆帝は大いに喜び、次のような詩をしたためた。

蘙宮嘉蔭樹，遺跡緬前賢。
初植至元歳，重栄辛未年。
奇同曲阜桧，霊紀易林乾。
征瑞作人紀，符祥介寿筵。
喬柯応芹藻，翠葉潤觚編。
右相非誇絵，由来事可伝。

この詩は、古樹が蘇生したのは皇太后の誕生祝いのためだと述べると同時に、「復蘇槐」を曲阜孔子廟の「先師手植桧」と同じに論じている。「先師手植桧」とは、孔子自らが植えた木として言い伝えられているものである。晋代に一度枯れたが隋代に蘇生し、唐代に再び枯れたが宋代に再び蘇生し、金代に焼き払われたが元代にまた新芽が吹き、明代に再び焼かれたが清の雍正10年に再び新芽を吹いた、とされる。元代の張須は、「この樹が日に日に茂ると、孔氏一族は日に日に盛んになる」と述べており、宋代の著名な書家米芾は、「乱が治まり正されると、再び昔のように蘇生する」と書いている。孔子が植えた樹は孔家一族の運命と関わるだけでなく、国の隆盛とも関わり、国が衰えると木も枯れ、国が繁栄すると木も復活した。許衡が植えた古樹の

蘇生は、孔子の植えた「先師手植桧」の蘇生と同じように、国の繁栄を示すものとされたのである。

　乾隆24年（1759年）、内閣大学士で兼管国子監大臣の観保が乾隆帝のこの詩を石碑に刻むことを上奏すると、乾隆帝は詩を書き直して国子監に下賜した。蒋溥の描いた絵が小さすぎ、乾隆帝の題詩が大きすぎたためか、著名な画家で吏部左侍郎の董邦達が横8尺、縦5尺に大きく描き直した後、乾隆帝の詩とともに石碑に刻まれた。石碑は「復蘇槐」の北側にある西講堂の中に、木と向かい合うようにして置かれた。

　元代に植えられたとされる古樹は、その後太学十景の一つに選ばれ、王云廷は次の詩をしたためている。

　　堂右古槐在，留伝説魯斎。
　　春風今已邈，手沢尚堪懐。
　　雨色蒼皮溜，苔痕朽骨埋。
　　鼓鐘誰継響，寂寞伴空階。

　漢の時代から、槐樹は太学と深い関わりを持っていた。王莽が建てた太学は、「殿堂の南側には壁があり、弓術はここで習わせた。殿堂の外側は博士の宿舎30区が囲んでいる。殿堂の東側は常満倉と呼ばれる倉庫である。殿堂の北側は定期市で、数百本の槐樹が列をなしており、建物はない。諸生は朔望の日に市場を訪れ、各自持ち寄った品物や経書、伝記、笙磬楽器などを取引したり、あいさつを交わしたり、槐樹の下で議論したりしていた」とさ

羅鍋槐

れている。太学本堂の北側には、槐樹が植えられた市場があったが、そこは諸生が故郷の特産物や書籍、楽器などを販売する場でもあり、交流の場でもあったのである。それ以降、槐樹並木の市場は典故となり、学校内に槐樹が植えられるようになった。『欽定国子監志』の記録によると、国子監には計136本の樹木が植えられていたが、そのうち槐樹が36本を占め、柏に次いで多かったといわれる。そして南学には計35本の樹木が植えられていたが、うち槐樹が15本と、最も多かったという。

劉墉と「羅鍋槐」

「復蘇槐」から南にほど近い修道堂の前の、辟雍の欄干のすぐ横に1本の古樹がある。池の水面を覗き込むように立つその姿は、遠くからは背骨の曲がった老人のように見えるが、これが劉墉と深い関わりを持つ「羅鍋槐」（猫背の劉の槐樹）と呼ばれる古樹である。

劉墉（1719－1804年）は字を崇如、号を石庵といい、山東省諸城の生

劉墉

まれである。高官であった父の劉統勲は、清廉にして正直、肝の据わった人物で、乾隆年間中期に東閣大学士の官職にまで至り、首席大学士兼首席軍機大臣の任にあったときに没し、賢良祠に祀られている。その子劉墉も父親同様、官吏として清廉かつ公正で、嘉慶初期に同じく東閣大学士の官職に至り、首席大学士の任にあったときに没した清代の有名な賢臣であった。詩と文章が堪能で、書法にも長けていた劉墉は、清代の著名な書家、学者であり、その書風は雄渾で力強く、古風で素朴であった。

　劉墉はせむしのように猫背（羅鍋）であったが、才能豊かで機知に富み、弁才に優れ、よく皇帝に意見を述べたと伝えられている。忠誠心の表れではあったが、皇帝を怒らせることもしばしばで、幸い乾隆帝も臣下と会話しながら冗談を交わすことを嫌わなかったため、君臣の関係は悪くなかったという。乾隆48年（1783年）、乾隆帝は辟雍の建設を命じ、礼部尚書の徳保と工部尚書で兼管国子監事の劉墉らに監督をまかせた。辟雍は周代からある建物ではあったが、隋代、唐代以降は姿を消し、詳細な記録がなく、参考とすべき建物もなかった。幸い劉墉は書物を広く読んでいたので、古代の文献に沿って図面を設計し、乾隆帝の手直しを経て、建築を始められる運びとなったのである。

　辟雍が完成すると乾隆帝は大いに喜び、自ら視察に訪れた。そして辟雍の西北の角にある槐樹を見た瞬間、目を輝かせた。曲がった槐樹の姿が猫背の劉墉のように見えるのだ。そこで随行した大臣らに、「あの木は誰に似ている？」と聞いた。皇帝が指す方向に目をやった大臣らは思わず大笑いした。その木は劉墉に本当にそっくりだったのである。それ以降、その槐樹は「羅鍋槐」と呼ばれるようになったという。

「成賢街」牌楼の一部

あとがき

　2004年、私は山東大学大学院を卒業し、首都博物館に就職した。翌年、新しい首都博物館が完成すると、国子監は文物局の管理下に置かれることとなり、「孔廟・国子監管理処」が新設された。当時、博物館か管理処のどちらで働くかは自由に選択できた。新しい首都博物館は管理処よりはるかに条件がよかったが、私は「孔廟・国子監管理処」に行くことを決めた。なぜなら、私は孔子廟と深い関わりを持っていたからである。

　私の父は曲阜の孔子廟で働いており、私は曲阜孔子廟に隣接する孔府で生まれた。幼少の頃、毎日孔子廟の堂内を走り回ったり、石碑の亀甲羅に乗って遊んだりしていたので、北京孔子廟に来たときは、子供の頃の思い出がよみがえり、往時に戻ったかのような気持ちになった。ここは曲阜の孔子廟ではないが、同じく孔子を祀る廟であり、そしてなにより私自身が孔子の76代目の子孫に当たる。

　「孔廟・国子監管理処」が設立され、その後、北京オリンピックのために国子監や孔子廟の大規模な修繕が始まると、国子監を紹介する展覧会や孔子記念展が開催されるようになった。展覧会の準備を進めながら、上司や諸先生方から多くの刺激を受け、国子監と孔子廟の歴史に対する興味を深めていくなか、国子監を紹介する小冊子を作りたいという考えが芽生えてきた。

　それから1年、この小冊子『図説国子監』がようやく誕生することとなった。本書の刊行にあたり、「孔廟・国子監管理処」の上司や先生方に、この場をお借りして感謝を申し上げたい。そうした師達の惜しみないご指導と助けがなければ、この小冊子が世に出ることはなかったであろう。さらに、この冊子のために多くの貴重な写真を提供してくださった李永康先生にも心より厚く感謝申し上げる。

訳者あとがき

　教育の重要性は古今東西を問わず叫ばれています。お隣の国・中国でも古来より教育を重視し、国家にとって有益な人間、すなわち皇帝の下で政治を司り政治的提案のできる人材の育成に努めてきました。

　そうした教育制度の象徴の一つが国子監でありましょう。教育を司る行政機関として、あるいは実際に教育を行う教育機関として歴代王朝の都に置かれた国子監は、元・明・清の三代に亘って存在した北京のものが今尚その姿を留めており、現在、博物館として中国国内外から訪れる人たちを迎え入れています。

　本書は、その北京国子監を管理する北京市文物局孔子廟・国子監管理処（現：孔子廟・国子監博物館）副研究員で孔子第 76 代目の子孫・孔喆氏の著書『図説国子監——封建王朝的最高学府』の日本語版です。中国には古来より「左廟右学（左に孔子廟、右に学問所）」という建築思想があったため、国子監にも孔子廟が併設されていますが、その廟に祀られている孔子の子孫のお一人が国子監の管理・研究に携わっておられ、原書はその研究をわかりやすくまとめたものです。

　内容は、国子監の由来に始まり、その歴史、果たした役割、教育事情のほか、建築物や輩出された名士等々が、それにまつわるエピソードとともに多くの写真や図を交えながら詳しく解説され、観光スポットでありながら、日本では知られていないことも多い国子監について、知的好奇心を十分に満たしてくれる情報がふんだんに盛り込まれています。著者の使命感がそこかしこに感じられ、それが読む側の興味と理解の隙間を埋める手助けをしているように思います。

　翻訳にあたっては、そうした著者の息遣いの再現に注力しましたが、そこに熱心に調べものをしてくださった張京花さんの支えがあったことを記さないではいられません。彼女の頑張りに敬意を表し、ここに感謝いたします。

　願わくば、本書を手にとってくださった皆様に著者の息吹をお届けでき、国子監への理解の一助となればと思います。

　最後に、令和初の訳書として本書が上梓できるという光栄に浴し、翻訳の機会をくださいました科学出版社東京株式会社の彭斌代表取締役、趙麗艶社長に感謝申し上げますとともに、微に入り細を穿つようにご助力くださった柳文子さん、周玉慧さん、そして関係各位に厚く御礼申し上げます。

令和元年 6 月吉日　　岩谷季久子

訳／岩谷　季久子（いわや　きくこ）

　翻訳家。愛知県出身。地元の大学卒業後、中国南開大学留学、中国語講師等を経て 1993 年より翻訳会社に勤務、本格的に翻訳に従事する。その後独立し、現在は翻訳のほか後進の養成、企業や学校などへの言語・異文化理解に関わる助言や提案も行っている。主な訳書に『ジェームス・リーの予言』（東洋出版）、『本場に学ぶ中国茶』『人民元Ⅱ 進む国際化戦略』『中国教育史　古代篇』（科学出版社東京）、『あかちゃんパンダ』『かわいいパンダ』『とおくまで』『風のぼうけん』（樹立社）ほか。

翻訳協力／張京花（ちょう　きょうか）

図説　国子監
——中国歴代王朝における最高学府

2019 年 8 月 5 日　初版第 1 刷発行

著　者	孔喆
翻　訳	岩谷季久子
発行者	彭斌
発　行	科学出版社東京株式会社
	〒113-0034　東京都文京区湯島 2 丁目 9-10　石川ビル
	TEL 03-6803-2978　FAX 03-6803-2928
	http://www.sptokyo.co.jp
装丁・本文デザイン	周玉慧
印刷・製本	藤原印刷株式会社

ISBN978-4-907051-48-8 C1023
『図説国子監：封建王朝的最高学府』Ⓒ Kong Zhe, 2006.
Japanese copyright Ⓒ 2019 by Science Press Tokyo Co., Ltd.
All rights reserved. Original Chinese edition published by Shandong Friendship Publishing House.
Japanese translation rights arranged with Shandong Friendship Publishing House.

乱丁・落丁本は小社までご連絡ください。お取り替えいたします。
禁無断掲載・複製。